Die Göttin von Göbekli Tepe

Jägerin, Schwitzhütten-Göttin
Panther-Frau und Sonnen-Geier

Kontakt: www.HarryEilenstein.de / Harry.Eilenstein@web.de

Herstellung und Verlag: BoD - Books on Demand, Norderstedt

ISBN: 9783751920889

Inhaltsverzeichnis

I Archäologie

Vor 12.000 Jahren ging zugleich die Eiszeit und die Altsteinzeit zuende und es begann die Jungsteinzeit. Es wurde deutlich wärmer, die Gletscher und die Eiskappen an den Polen schmolzen zum größten Teil und der Meeresspiegel stieg daraufhin um 75m an. Die Eiszeit wurde von einer Regenzeit abgelöst und im Hochland des Iran, in der heutigen Sahara und an vielen anderen Orten bildeten sich riesige Seen, die z.T. so groß wie die heutige Ostsee waren. Die heutigen Wüsten wie die Sahara waren Savannen und der Reichtum an Tieren nahm im Vergleich zur Eiszeit gewaltig zu.

Zu dieser Zeit konnten die damaligen Menschen, die damals noch hauptsächlich von der Jagd lebten, ihr nomadisches Leben aufgeben und weitgehend seßhaft werden. Sie erschufen bessere Steinwerkzeuge und erfanden den Steinschliff. Ackerbau und Viehzucht wurden zwar erst 2000 Jahren später entdeckt, doch auch schon damals konnten aufgrund der deutlich einfacheren Jagd in den warmen, fruchtbaren Gegenden weit mehr Menschen zusammenleben als in der Altsteinzeit: statt einem guten Dutzend einige Hundert.

Zu dieser Zeit verehrten die Menschen eine Göttin – dieselbe Göttin, die auch schon in den 50.000 Jahren der späten Altsteinzeit verehrt worden war und sehr wahrscheinlich auch schon mindestens 1.900.000 Jahren davor, also während der gesamten Altsteinzeit.

Um diese Göttin, die von den Menschen im nördlichen Mesopotamien um 10.000 v.Chr. verehrt worden ist, geht es in diesem Buch.

I 1. Göbekli Tepe

Der Belich, einer der Nebenflüsse des Euphrat, fließt in dem Grenzgebiet des heutigen Syrien und der heutigen Türkei durch ein Hochtal, das ca. 50km lang und 30km breit ist. Dieses Tal ist damals sehr fruchtbar und voller Wild gewesen.

Im Norden dieses Tales liegt der Göbekli Tepe („Bauch-Berg"). Er ist 780m hoch und bildet ein flaches Plateau. Er ragt ca. 300m über das Hochtal des Belich auf. Vom Gipfel des Göbekli Tepe aus kann man die weite fruchtbare Ebene im Süden, die von dem Belich durchflossen wird, überblicken.

In diesem Tal lebten mindestens 5000 Menschen, die sich von der Jagd ernährt haben – vermutlich sogar noch mehr.

Blick von der Ebene im Süden auf den Gipfel des Göbekli Tepe im Norden

Blick vom Göbekli Tepe im Norden auf die Ebene im Süden

I 2.   Die Tempel von Göbekli Tepe

Auf dem Göbekli Tepe sind die frühesten Tempel der Menschheit erbaut worden. Sie waren Schwitzhütten, die teilweise aus Stein errichtet worden sind.

I 2. a)   Die Schwitzhütte

Eigentlich ist die Schwitzhütte der älteste Tempel der Menschen, aber da die Schwitzhütten nur aus Ästen und Fellen errichtet worden sind, werden sie normalerweise nicht mitgezählt.

Die frühesten Hinweise auf Hütten sind 1,9 Millionen Jahren alt. Sie bestanden aus einer flachen, runden Mauer aus aufeinander gelegten Steinen, über der sich eine Kuppel aus Ästen und Fellen befand. Vermutlich wird es auch schon vorher Hütten ohne Steinmauer gegeben haben, von denen sich jedoch nichts erhalten hat, sodaß man sie nicht nachweisen kann.

Da damals die Hütte der einzige Innenraum gewesen ist, den die Menschen erleben konnten (abgesehen von einer gelegentlichen Höhle), hat es nahegelegen, diese Hütten mit dem Bauch der Mutter zu assoziieren, also mit den pränatalen Erinnerungen.

Zu Beginn der Eiszeit vor 600.000 Jahren wurde in Nordeurasien ein weiteres Element der Hütten lebensnotwendig: die Beheizung. Dazu entfachte man vor der Hütte ein Feuer, in dem man Steine zum Glühen brachte, die man dann mithilfe eines Schulterblatt-Knochens o.ä. in eine kleine Grube in der Mitte der Hütte gelegt hat. Mit diesen glühenden Steinen konnte man auch Wasser mit Fleischstückchen und Kräuter in einem Fellbeutel erhitzen – die erste Suppe.

Wenn nun die Jäger halberfroren von der Jagd zurückgekommen sind, wird man manchmal auch Wasser über die glühenden Steine in der Hütte gegossen haben, um die Jäger gut durchzuwärmen – der spirituelle Vorläufer der Sauna.

Durch die Assoziation der halbkugelförmigen Hütte mit dem Bauch der Mutter ist aus diesem Aufwärmen dann die Schwitzhütte entstanden. Noch heute bestehen Schwitzhütten in der Regel aus einer halbkugelförmigen Hütte aus Ästen und Fellen (oder Decken), in denen Wasser über glühende Steine gegossen wird und in denen die Muttergöttin angerufen wird.

Damals waren die Eltern die einzigen Lehrer und der einzige Rückhalt der Menschen. Daher hatten die Menschen den Wunsch, nach dem Tod der Eltern weiterhin Kontakt mit ihnen zu haben. Diese Aufgabe haben die Schamanen übernommen, also Menschen, die einen Nahtod erlebt haben und daraufhin gelernt haben, willentlich Kontakt zu den Ahnen aufzunehmen – wie heute bei spiritistischen Sitzungen oder bei

Familienaufstellungen. Diese Ahnen waren der Rückhalt der Menschen – „Rückhalt" ist auch die wörtliche Übersetzung von „Religion". Es lag daher nahe, die Ahnen mit den Ästen zu assoziieren, aus denen das Schwitzhütten-Gestell errichtet wurde – acht bis zwölf Äste, die im Kreis in die Erde gesteckt wurden. Diese „Ahnen-Stäbe" sind ein weiteres wesentliches Element der Schwitzhütten. Diese Symbolik hat sich bis in die heutigen Schwitzhütten erhalten können.

In der damaligen einfachen Sprache benutzte man die Tiere als Bild-Adjektive. Die Großraubtiere waren das Bild für „Stärke", die Herdentiere das Bild für „Fruchtbarkeit", die Schlangen als auf der Erde und in Erdhöhlen lebende Tiere waren das Bild für die „Ahnen" und die Vögel waren das Bild für „Seele", da man sich bei einem Nahtod als über dem eigenen physischen Körper schwebend erlebt („Astralreise"). Diese Tiersymbolik hat sich bis heute in den Schwitzhütten gehalten: Der Geist des Westens ist die Schlange, der Geist des Nordens ist der Bär (Großraubtier), der Geist des Ostens ist der Adler und der Geist des Südens ist die Büffelfrau (Herdentier).

Die damaligen Hütten und Schwitzhütten hatten teilweise einen Gang vor dem Eingang wie bei einem Iglu, der eine Steinzeit-Hütte aus Schneeblöcken ist. Dieser Gang diente bei der einfachen Hütte dazu, die Wärme in der Hütte zu halten. Bei der Schwitzhütte stellte er die Vagina vor der Gebärmutter der Muttergöttin dar.

ausgegrabener Tempel: Mauern und T-Pfeiler

Schwitzhütte und Schwitzhütten-Tempel

Schwitzhütte (ohne Felle auf dem Gerüst)

Schwitzhütten-Tempel (ohne Kuppeldach)

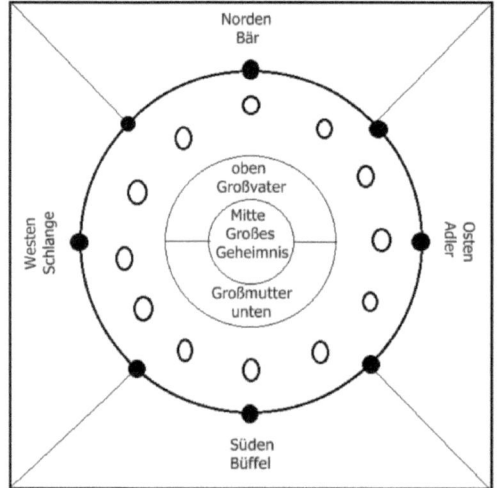

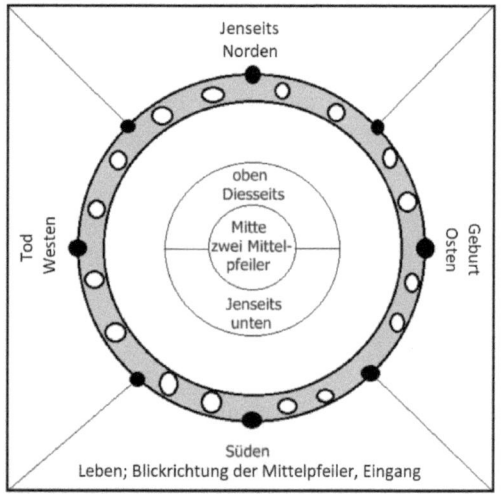

großer Kreis: Schwitzhütte

kleine Kreise: Ritualteilnehmer
kleine Kreisflächen: Stäbe (Ahnen)
Mitte: Loch für glühende Steine
oben: Großvater Himmel (Diesseits)
unten: Großmutter Erde (Jenseits)

großer Kreis: Schwitzhütte
grauer Kreisring: Bank
kleine Kreise: Ritualteilnehmer
kleine Kreisflächen: T-Pfeiler (Ahnen)
Mitte: die beiden mittleren T-Pfeiler
oben: Diesseits
unten: Jenseits

I 2. b)   Totempfahl und Kundalini

Das Erlebnis der Astralreise („out of body") bei einem Nahtod hat zu der Erkenntnis geführt, daß man mehr ist als nur der eigene physische Körper – das war letztlich der Grundstein der Religion. Das Symbol für dieses Erlebnis war ein Stab, auf dem oben ein Vogel, also der Seelenvogel saß. Aus diesem „Vogelstab" ist dann durch Vergrößerung und durch das Ergänzen weiterer Symbole spätestens in der späten Jungsteinzeit (vor 50.000 bis vor 12.000 Jahren) der Totempfahl geworden.

Der Vogel-Stab

Jagdunfall: verletzter Bison (konzentrische Kreise = Eingeweide), Mann mit Vogel-kopf (Schnabel – Toter mit Seelenvogel), Speer auf dem Bison, zweiter Speer neben den Beinen des Mannes, Vogel-Stab (Seelenvogel des Toten oder Beinahe-Toten) Höhle von Lascaux (20.000 v.Chr.)

Wenn man danach strebt, willentlich eine Astralreise zu machen, wird man in vielen Fällen auch auf das Phänomen des Inneren Feuers stoßen, das vor allem als „Kundalini" und als „Tummo" bekannt ist. Dies liegt daran, daß die Übungen, die für das

11

Erlernen der Astralreise und für das Erwecken des Inneren Feuers zu ca. 2/3 übereinstimmen – sie sind vor allem eine Bewußtswerdung des eigenen Lebenskraftkörpers, mit dem man bei der Astralreise den physischen Leib verläßt und in dem man beim Inneren Feuer die Konvektionsströmung der Lebenskraft wahrnimmt.

Dieses Innere Feuer ist daher fast allen Schamanen bekannt. Da es von unten her (aus der Erde) im eigenen Leib aufsteigt und als eine Gabe der Ahnen (die in der Erde bestattet wurden) aufgefaßt worden ist, hat dieses Innere Feuer das Bild der Ahnenschlangen erhalten. Dadurch hat die Schlange eine vierfache Symbolik erhalten:

1. Die Schlangen sind die Ahnengeister.
2. Sie sind der Weg in das Jenseits.
3. Sie sind das Symbol des Jenseits.
4. Sie sind das Symbol der Gaben der Ahnen und insbesondere des Inneren Feuers (Kundalini).

I 2. c) Die Wiedergeburt

Das Erlebnis der Astralreise hat dazu geführt, das man sich gefragt hat, was mit dem Seelenvogel (Astralkörper) nach dem Tod geschah. Er war unsichtbar und er konnte unabhängig vom physischen Leib existieren – wie die Astralreise bei einem Nahtod-Erlebnis deutlich zeigte. Die Seelenvögel mußten also nach ihrem Tod in einer unsichtbaren Welt sein – im Jenseits, die sozusagen eine Vogelwelt war.

Die Ankunft im Jenseits stellte man sich analog zu der Ankunft im Diesseits als eine Geburt vor – also als eine zweite Geburt, eine Wiedergeburt.

Da die Seelen die Gestalt von Vögeln hatten, mußte auch die Göttin als Wiedergeburts-Mutter die Gestalt eines Vogels haben – sie erscheint daher auf den Pfeilern von Göbekli Tepe als Geierweibchen.

Der Geburt ging erfahrungsgemäß eine Zeugung voraus – also sollte auch der Wiedergeburt eine Wiederzeugung vorausgehen. Dieses Motiv hat eine reiche Symbolik entfaltet. So wurden die (männlichen) Toten in das Fell eines männlichen Herdentieres gehüllt, wodurch ihnen dessen Zeugungskraft übertragen wurde, damit ihnen ihre Wiederzeugung gelang – die Herdentiere mußten, da sie in so großer Zahl auftraten, sowohl fruchtbar als auch zeugungskräftig sein. Auf diese Weise entstanden die Faune (Mann + Ziegenbock), die Zentauren (Mann + Hengst), der Minotaurus (Mann + Stier), der Cernunnos (Mann + Hirsch) usw. Die Göttin nahm dabei stets die Gestalt des entsprechenden weiblichen Herdentieres an.

Damals hat man aus der Beobachtung, das das Wasser in den Quellen aus der Erde aufsteigt und daß auch die Wolken am Horizont aus der Erde aufzusteigen scheinen, geschlossen, daß es unter der Erde ein großes Süßwassermeer gab – schließlich kam das Wasser von unten und sowohl das Wasser der Quellen als auch der Regen waren Süßwasser. Daraus ergab sich fast zwangsläufig das Bild der Wasserunterwelt, die aus Süßwasser besteht – wie z.B. das sumerische „Abzu".

Da die Muttergöttin sowohl die Mutter der Lebenden als auch die Mutter der Toten war, war sie eine zweifache Göttin. Bereits in den Höhlenmalereien ist sie daher zweifach wie bei den Bildern auf einer Skatkarte dargestellt worden – der eine Teil ist die Diesseits-Mutter und der andere Teil die Jenseits-Mutter.

Die Bestattungssymbolik war damals und in der gesamten Jungsteinzeit recht komplex: Der Tote wurde bestattet und vereinte sich symbolisch mit der Jenseitsgöttin. Nach vermutlich neun Monaten wurde er im Jenseits von der Göttin wiedergeboren – zu diesem Zeitpunkt wurde die verweste Leiche ausgegraben und die Knochen ins „Beinhaus" gebracht. Der Schädel wurde jedoch mit Ton überzogen und bemalt, sodaß er möglichst realistisch den Verstorbenen dargestellt hat und dann in eine Nische in der Wand im Wohnhaus gestellt. Auf diese Weise konnten die Lebenden jederzeit mit dem Toten Kontakt aufnehmen (wie bei einer Familienaufstellung). Vermutlich blieb dieser Schädel solange im Wohnhaus, wie es noch jemanden gab, der sich an diesen Toten erinnern konnte. Danach kam auch der Schädel ins Beinhaus.

An die Wiedergeburt im Jenseits schloß sich auch noch ein Wiederstillen an. Aus diesem Motiv sind die ganzen Ritualtränke der späteren Religionen bis hin zum Abendmahl-Wein und zum Lebenselixier entstanden.

I 2. d) Zahlensymbolik

In den alten Sprachen gibt es drei Arten des grammatischen Numerus: den Singular, den Dual und den Plural. Der Singular war mit der „1" verbunden, die Dual mit der „2" und der Plural mit der „3" – noch in der Hieroglyphenschrift wurde der Singular durch einen Strich, der Dual durch zwei Striche und der Plural durch drei Striche gekennzeichnet.

Der Dual wurde für alle Dinge verwendet, die auf organische Weise als Paar auftreten: zwei Augen, zwei Ohren, zwei Beine, Mann und Frau, Sonnenaufgang und Sonnenuntergang usw.

Der Plural hat zum einen die Bedeutung „viele" gehabt, aber auch die Bedeutung „viele Wiederholungen" und somit „endloser Zyklus", was sich vor allem auf den Sonnenzyklus bezogen hat. Auf diese Weise ist die Darstellung der Sonne als Kreisfläche mit drei (= viele) Beinen entstanden: die Sonne, die am Himmel endlos ihren Weg wandert.

In der Altsteinzeit wurde ein binäres Zahlensystem benutzt, da dies das einfachste

System ist. Es reichte auch nur bis ungefähr „15". Es bestand aus den Zahlen „1",
„2", „4", und „8". Eine „13" war dann eine „8+4+1" und eine „5" eine „4+1".
Größere präzise Zahlen wurden damals noch nicht benötigt …

Diese Zahlen erhielten im Laufe der Zeit eine eigene Symbolik, die sich aus ihrer
Verwendung ergab:

> „1": Singular
> „2": Dual, Diesseits und Jenseits, die beiden Aspekte der Muttergöttin
> „3": Plural, Zyklus, Sonnenlauf
> „4": die vier Himmelsrichtungen, „überall"
>> - Osten = Sonnenaufgang, Geburt
>> - Süden = Mittag, Diesseits, Leben
>> - Westen = Sonnenuntergang, Sterben
>> - Norden = Nacht, Jenseits, Tod
> „8": größte Zahl, Vollständigkeit, Vollkommenheit, die „runde Summe"

I 2. e)   Die Tempel

Die Menschen von Göbekli Tepe errichteten auf dem „Bauchberg" im Norden des
Hochtals des Belich, in dem sie jagten, zumindestens einen Teil ihrer Schwitzhütten.
Einige Elemente der altsteinzeitlichen Schwitzhütten behielten sie bei, andere ent-
wickelten sie jedoch weiter.

Der Tempel bleiben weiterhin rund und hatten einen Gang, der zu ihm führte. Die
runde Grundmauer wurde damals jedoch bis zu 2m hoch gebaut.

Vor dieser Mauer befand sich innen eine umlaufende Bank, die ebenfalls aus Steinen gefügt war – man saß also nicht mehr wie in der einfachen Schwitzhütte auf der
Erde.

Um diese innere Kreismauer wurde eine zweite Kreismauer in geringem Abstand
errichtet, an die sich der Gang zu dem Schwitzhütten-Tempel anschloß. Diese beiden
Kreismauern waren mit einer kurzen Mauer verbunden.

Auf der inneren Kreismauer wurde ein Kuppeldach aus Ästen und Fellen erreichet
und auf der äußeren Kreismauer ein zweites Kuppeldach, das das innere Kuppeldach
mit einschloß. Das äußere Kuppeldach ging in des Dach über dem Gang über.

Dieses Arrangement stellt die Gebärmutter (äußere Kreismauer mit Kuppeldach)
und die Vagina (Gang) der Muttergöttin dar, die in sich ein Kind (innere Kreismauer
mit Kuppeldach) trägt. Die kurze Verbindungsmauer ist die Nabelschnur, die beide
verbindet.

Aus den 8 senkrechten Stäben der Holz/Fell-Schwitzhütten sind die meist acht

Pfeiler geworden, die in der inneren Mauer stehen. Sie sind rechteckige Pfeiler, die wie ein „T" aussehen, wobei in den senkrechten Teil dieser T-Pfeiler manchmal ein Gürtel, ein Lendenschurz, Arme und eine Halskette eingraviert worden sind und der obere Quer-Teil des Pfeilers wie ein Kopf gestaltet ist. Diese Pfeiler sind die Ahnen. Es sind in der Regel acht Pfeiler, da die „8" die Vollständigkeit und die Vollkommenheit symbolisiert hat.

In der Mitte des Schwitzhütten-Tempels stehen zwei große Pfeiler, die vermutlich der Urahn/Urriese und seine Seele sind. Am Rand des Sockels, auf dem diese beiden Pfeiler stehen, ist manchmal eine Reihe von Wasservögeln eingemeißelt worden – die Seelenvögel der Ahnen in der Wasserunterwelt.

Auf diesen Pfeilern gibt es eine Vielzahl von Motiven. Der Panther ist das Raubtier, dessen Stärke und Schnelligkeit sich die Jäger für ihre Jagd wünschten – schon in der späten Altsteinzeit gibt es Elfenbein-Statuetten eines Mannes mit Pantherkopf. Der Fuchs ist der Jenseitsführer – der Begleiter des Schamanen. Der Stier stellt die Zeugungskraft dar, die die Toten für ihre Wiederzeugung brauchten, die ihrer Wiedergeburt vorausging. Die Wasservögel sind die Seelenvögel in der Wasserunterwelt. Die Schlangen sind zum einen die Ahnen in der Unterwelt unter der Erde und zum anderen auch der Weg vom Diesseits in die Unterwelt unter der Erde – der „Schlangen-Weg".

Es sind zwei steinerne Totempfähle erhalten geblieben, die eine komplexe Symbolik haben, was zeigt, daß es schon lange Zeit vorher eine Tradition von hölzernen Totempfählen gegeben haben muß, in sich die einfachen Vogel-Stäbe zu diesen komplexen Totempfählen entwickelt haben. Auf dem einen von ihnen wird dargestellt, wie ein Panthermann die Schlangenkraft von seinen Ahnen emporruft, und auf dem anderen ist eine zweifache Göttin mit Seelenvögeln dargestellt.

Außen vor dem Eingang des Ganges stand eine Steinplatte mit einem Loch, durch das man in den Gang gelangt ist – die Scham der Muttergöttin. Auf dieser Steinplatte befinden sich oben links und oben rechts zwei Panther. Diese Panther sind teilweise auch auf den beiden Mittelpfeilern dargestellt worden.

In einem Tempel stand auf der umlaufenden Bank eine Steinplatte mit dem Bild einer nackten Frau mit gespreizten Beinen – die Muttergöttin.

Innen an der inneren Kreismauer befanden sich einige vorspringende Steine, auf denen vermutlich Öllämpchen oder Talglichter gestanden haben, mit denen man das Innere des Tempels erleuchtet hat.

Man gelangte in den Tempel, indem man durch das Loch in der Steinplatte kroch, dann durch den Gang bis zur inneren Kreismauer ging, dort eine Leiter emporstieg, über die Mauer kletterte und innen mithilfe einer zweiten Leiter wieder hinunterstieg.

Der türkische Name „Göbekli Tepe", der „Bauchberg" bedeutet, ist vermutlich eine Übersetzung des ursprünglichen Namens dieses Berges – sowohl die Schwitzhütten-Tempel als auch der Berg selber sind das Symbol des Bauches der Muttergöttin gewesen, die auch als die Erde aufgefaßt worden ist. In der damaligen nostratischen Sprache, die zu einem großen Teil rekonstruiert worden ist, wird „Bauch-Berg" in etwa „gwuiu-guru" gelautet haben.

Die Skulpturen auf den Pfeilern in den Tempeln zeigen, daß es damals schon eine ausgeprägte Himmelsrichtungs-Symbolik gegeben hat: im Osten sind die Diesseits-Bilder, im Westen die Jenseits-Bilder, im Süden das Hauptthema und im Norden die Jenseitsgöttin. Die Eingänge der Tempel liegen stets im Süden: Sie weisen auf das Leben hin. Als Tempelberg ist zudem der Göbekli Tepe im Norden ausgewählt worden, also der größte Berg in der Jenseits-Richtung, da sich die Ahnen im Norden befinden.

Auf dem Göbekli Tepe befinden sich vermutlich über hundert solcher Schwitz-hütten-Tempel, die erst zu einem kleinen Teil ausgegraben worden sind. In ihnen war für maximal 30 Menschen Platz, also für ungefähr eine Sippe. Es waren also „Familien-Tempel".

Bau des Tempels (ohne die beiden Gewölbe aus Ästen und Fellen)

16

Transport eines Pfeilers

Bearbeitung eines Pfeilers

Bau der Tempelmauer

Bau der Tempelmauer

Felle und Opfergaben an den Mittelpfeilern

der Eingang

Außenmauer des Tempels

älteste Form des Wohnhauses
(ca. 9.000 v.Chr)

mittlere Form des Wohnhauses
(ca. 8.000 v.Chr.)

jüngere Form des Wohnhauses
(ca. 7.000 v.Chr.)

I 2. f)   Die T-Pfeiler

Die Pfeiler in den Tempeln sind deutlich als stark stilisierte Menschen erkennbar – sie sind sozusagen in einem „archao-kubistischen Stil" geformt worden. Es handelt sich bei ihnen recht wahrscheinlich um die Ahnen.

Arme, Hände und Gürtel an einem T-Pfeiler, Göbekli Tepe

Arme an einem T-Pfeiler, Göbekli Tepe

Hände an einem T-Pfeiler, Nevali Cori

Einige dieser T-Pfeiler haben eine beachtliche Größe und sind sehr sorgfältig bearbeitet und mit vielen Details versehen worden: mit Armen, einem Gürtel mit Ornamenten und Fuchsfell, einer Halskette mit einem Symbol als Anhänger, sowie mit Seelenvögel am Sockel.

Mittelpfeiler (Höhe ohne Sockel: 5,4m)

I 2. g) Steinkreise, Tempel und Hügelgräber

Aus diesen Schwitzhütten-Tempeln haben sich dann im Verlauf der Jungsteinzeit (10.000-3.250 v.Chr.) verschiedene andere Formen von religiösen Bauten entwickelt:

1. Durch das Fortlassen der Mauern entstanden die Megalith-Anlagen, die aus einem Steinkreis (Pfeiler in der Innenmauer) und einer zu ihm führenden Steinallee (Gang) bestehen. In der Mitte befinden sich oft zwei besonders große Pfeiler (Mittelpfeiler) und auch am Anfang der Steinallee stehen oft zwei größere Steine (die beiden Panther auf dem Eingangsstein).

2. Vermutlich wurde schon in der späten Altsteinzeit über Gräbern eine Schwitzhütte oder auch nur ein einfacher Reisighügel errichtet, der den Bauch der mit dem Toten schwangeren Erde dargestellt hat. Solche Reisighügel (allerdings deutlich größere) waren später bei den Skythen die Tempel. Als dann diese Reisighügel durch Hügel aus Stein und Erde ersetzt wurden, war das Hügelgrab entstanden. Auch die Tempel von Göbekli Tepe wurden, wenn sie nicht mehr benutzt wurden, mit Erde und Steinen aufgefüllt – vermutlich dann, wenn eine Sippe ausgestorben war.

3. Durch das Fortlassen der Pfeiler und die Vergrößerung des Ganges und des inneren Kreisgewölbes entstanden:
    a) die Tempel, die sowohl einen Gang als auch ein Zentrum haben (z.B. christliche Tempel);
    b) die Gang-Tempel, die den Weg in das Jenseits betonen (z.B. die ägyptischen Tempel);
    c) die Mandala-Tempel, die den Gang fortlassen bzw. in jeder Richtung einen Gang haben (z.B. viele buddhistische Tempel);
    d) die Pyramiden, die ein eckiges Hügelgrab sind, an das (in Ägypten) ein langer Gang zum Tempel am Flußufer hin oder eine lange Allee (in Mittelamerika) angefügt ist – manche sind auch ohne Gang oder Allee errichtet worden (z.B. in China);
    e) die Höhlentempel, die aus einem Gang und einer oder mehreren Kammern bestehen (z.B. auf Malta).

Die Höhlen, die in der späten Altssteinzeit mit vielen Bildern bemalt worden sind, sind ebenfalls eine Variante dieser Grundstruktur „Gang und Kammer", also „Vagina und Gebärmutter der Göttin". Sie stammen aus Westeuropa aus der Zeit von 42.000-10.000v.Chr. Sie entsprechen also der Zeit, in der auch die altsteinzeitlichen Frauen-Statuetten hergestellt worden sind.

Diese Phase der späten Altsteinzeit begann, als der Homo sapiens vor ca. 50.000 Jahren von Afrika aus nach Eurasien eingewandert ist und seine Kultur dort mit der Kultur des Homo erectus und des Neandertaler verband – dieser interkulturelle Austausch ergab einen großen Entwicklungsschub in der Menschheitsgeschichte.

I 2. h)   Die Erbauer von Göbekli Tepe

Die folgenden Portraits aus der Altsteinzeit zeigen, daß die damaligen Menschen durchaus in der Lage waren, so zu zeichnen, wie sie es wollten – also auch ganz realistisch. Daraus ergibt sich nebenher, daß die altsteinzeitlichen Darstellungen der Göttin genau so gewollt waren, wie sie erschaffen worden sind, und nicht etwa künstlerischen Unvermögen entspringen.

Die Zeichnungen in der Höhle von Lussac de Chateau bzw. La Marche sind um ungefähr 14.000 v.Chr. angefertigt worden, also 4000 Jahre vor den ersten Tempeln von Göbekli Tepe. Die Jäger von Göbekli Tepe dürften also in etwa wie die hier dargestellten Menschen ausgesehen haben.

La Marche

La Marche

La Marche

La Marche

La Marche

La Marche

Lussac-les-Chateau

Lussac-les-Chateau

Aus Göbekli Tepe und den umliegenden Gebieten sind einige Kopf-Plastiken erhalten geblieben:

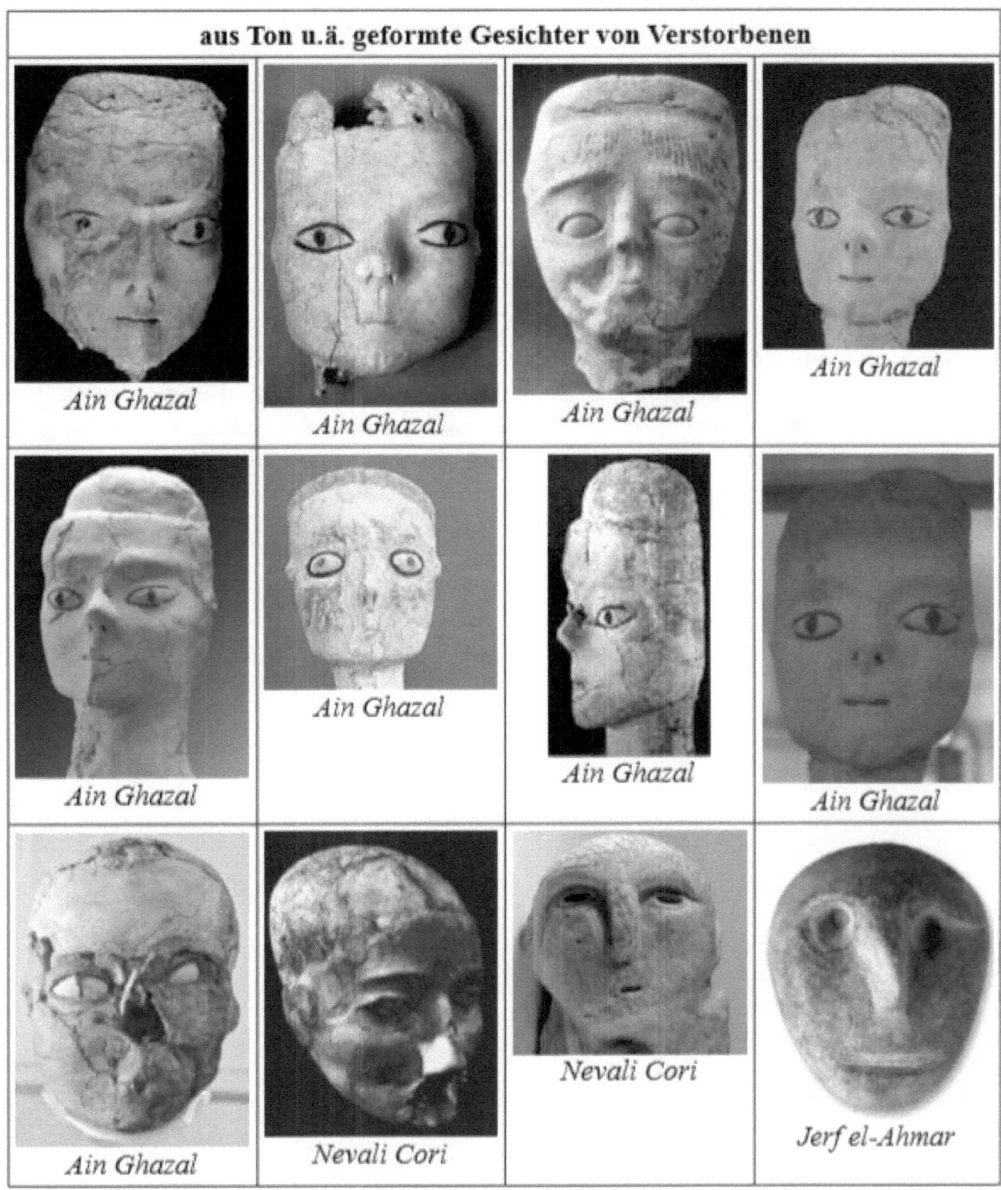

aus Ton u.ä. geformte Gesichter von Verstorbenen

Ain Ghazal

Ain Ghazal

Ain Ghazal

Ain Ghazal

Ain Ghazal

Ain Ghazal

Ain Ghazal

Ain Ghazal

Ain Ghazal

Nevali Cori

Nevali Cori

Jerf el-Ahmar

Diese Kopfplastiken sind entweder ganz aus Ton geformt worden sind oder über einen Totenschädel plastiziert worden sind – sie sind ca. 2000 Jahre jünger als die ersten Tempel von Göbekli Tepe und in etwa zeitgleich mit den letzten Tempeln von Göbekli Tepe. Sie geben sehr wahrscheinlich das Aussehen der damaligen Menschen recht genau wieder.

Man wird sich daher auch die Vorstellung der damaligen Menschen über ihre Muttergöttin mit ungefähr diesen Gesichtszügen vorstellen dürfen.

I 2. i) Die Mythologie der frühen Jungsteinzeit

In diesem Kapitel „I 2.“ sind nur die Grundzüge der Mythologie zu Beginn der Jungsteinzeit dargestellt worden, die notwendig sind, um die damalige Muttergöttin verstehen zu können. Eine ausführlichere Darstellung der Tempel von Göbekli Tepe findet sich in meinem Buch „Göbekli Tepe“ und eine ausführlichere Darstellung der Entwicklung der Weltanschauung insgesamt einschließlich der jungsteinzeitlichen Mythologie in meinem Buch „Die sieben Schritte des Lebens“.

I 3. Die Göttin in der Steinzeit

Die ältesten Darstellungen der Göttin stammen aus der späten Altsteinzeit vor 38.000 Jahren. Die Kreismauern der Hütten vor 1,9 Millionen Jahren sind zwar vermutlich schon mit dem Bauches der „Großen Mutter" assoziiert worden, aber sie waren eben vor allem eine Wohnhütte.

Die Betrachtung der Entwicklung dieser Bilder der Göttin von der späten Altsteinzeit bis zum Ende der Jungsteinzeit und noch in die Anfangszeit der Epoche des Königtums hinein ermöglicht es, die Darstellungen der Göttin von Göbekli Tepe in einen großen Entwicklungsbogen einzuordnen.

Die folgenden Bilder sind nur eine Auswahl der großen Fülle an Bildern der Großen Mutter von der späten Steinzeit bis heute. Die Merkmale dieser Statuetten weisen eine große Beständigkeit auf, auch wenn es mehrere Typen gibt.

I 3. a) Die Göttin in der Altsteinzeit

800.000 v.Chr.

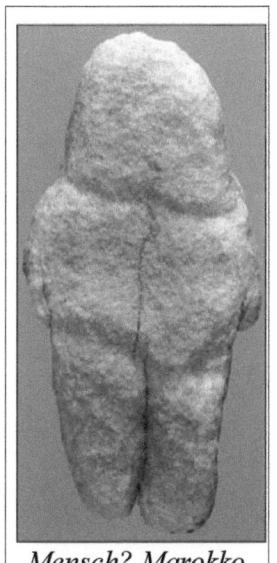

Dieses Fundstück aus Tan-Tan im Süden von Marokko sieht aus wie eine menschliche Figur. Es ist allerdings sehr fraglich, ob es sich um eine von Menschen geschaffene Gestalt handelt – zum einen, weil sie dann für mehr als 750.000 Jahre die einzige derartige Figur wäre, und zum anderen, weil sie, wie die Risse in dem Stein zwischen den Beinen und zwischen den Armen und dem Leib zeigen, auch auf natürliche Weise durch Erosion entstanden sein könnten.

Mensch? Marokko

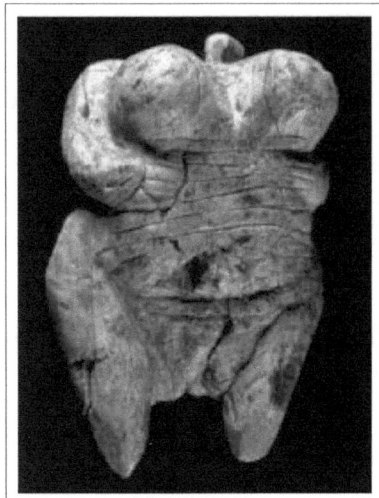

Hohle Fels

Die älteste Frauen-Statuette stammt aus der Höhle „Hohler Fels" in Baden Württemberg. Brüste und Scham sind stark betont, die Hände liegen auf dem Bauch, der Kopf ist sehr klein, die Füße fehlen.

Es sollten ganz offensichtlich die beiden Aspekte der Geburt (Scham) und des Stillens (Brüste) hervorgehoben werden.

Die Figur weist Querstreifen auf, die vermutlich eine archaische Bemalung mit Lehmstreifen darstellt. Die Brüste sind mit runden Streifen geschmückt.

Diese Art der Bemalung hat sich bei vielen Naturvölkern (Afrika, Amerika, Ozeanien usw.) bis in die historische Zeit hinein erhalten.

Die Fülle dieser Figur und der noch vielen folgenden „Fülle-Figuren" weist möglicherweise auf den Wunsch nach genügend Nahrung hin.

35.000-34.000 v.Chr.

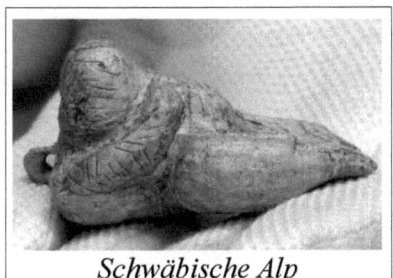

Schwäbische Alp

Diese Figur liegt – der Kopf ist links oben, das Gesäß hinten Mitte, die Knie vorne Mitte, die Füße rechts, der linke Arm geht nach links unten. Eine Figur in dieser halb-liegenden Haltung finden sich erst 30.000 Jahre später in Malta wieder.

Auch diese Figur ist mir Streifen geschmückt.

Die Figur wurde anscheinend als Amulett getragen wie die Öse ganz links zeigt.

34.000-33.000 v.Chr.

- keine Statuetten-Funde -

33.000-32.000 v.Chr.

- keine Statuetten-Funde -

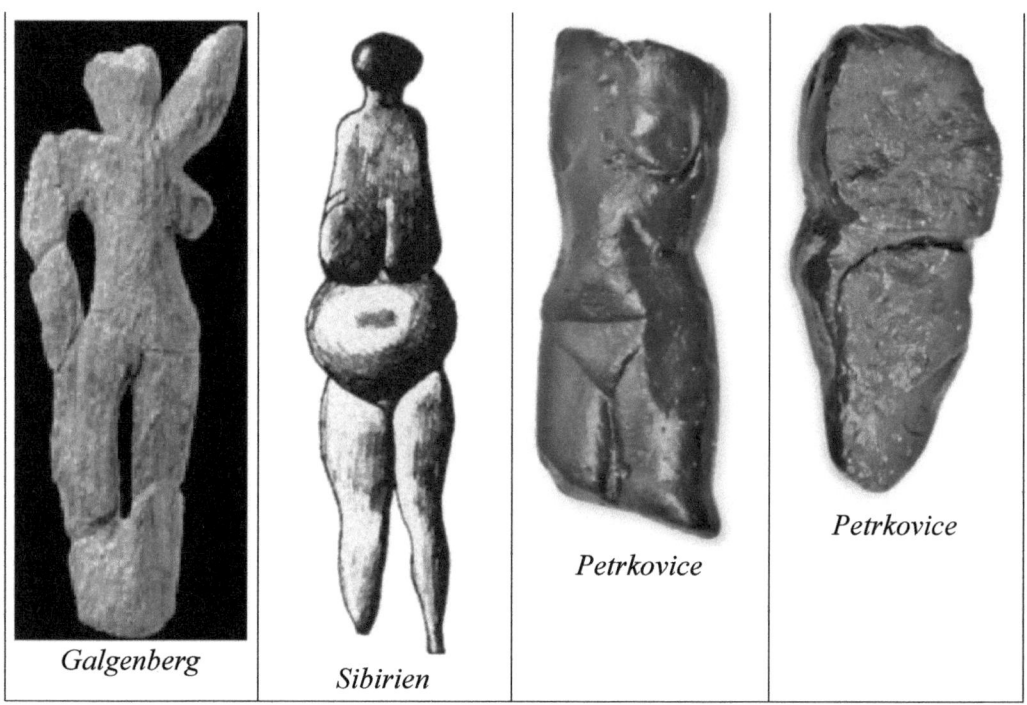

Galgenberg

Sibirien

Petrkovice

Petrkovice

Die Figur aus Galgenberg ist recht realistisch gestaltet worden – mit angewinkeltem Bein und aufgestütztem Arm. Es ist unklar, welcher der beiden Schulterfortsätze auf der rechten Seite ihr Arm ist – und was das andere dann ist. Es scheint jedoch so, als ob das obere ihr Arm sei – dann würde sie mit einem Arm nach unten und mit einem nach oben weisen. Diese Arm-Symbolik findet sich 22.000 Jahre später bei der Göttin von Göbekli Tepe wieder.

Bei der sibirischen Statuette sind die Brüste und der Schwangerschaftsbauch betont – es ist also eine Mutter-Statuette.

Die linke tschechische Statuette ist wieder realistisch gestaltet – anscheinend eine eher junge Frau. Der Kopf fehlt.

Die rechte tschechische Statuette ist das älteste Beispiel für die „gebückte Frau" – links in der Mitte ist das Gesäß.

Sibirien

Sibirien   Sibirien   Mezin

Die beiden linken Statuetten sind recht realistisch proportioniert. Bei der linken sind Brüste und Schamhaar betont, die rechte ist „gotisch langestreckt" – vermutlich, weil man solche Statuetten viel öfter aus Ästen geschnitzt als aus Stein oder Elfenbein geformt hat und sie daher durch das verwendete Material eine Neigung zu lang-gestreckten Formen erhielten. Solche Ast-Götter sind auch noch 32.000 Jahre später u.a. von den Germanen bekannt.

Das Gesicht ist offenbar auch nur als Gesicht angefertigt worden – wie bei der zweiten Figur von links ist der Haarschnitt mit der Pony-Frisur deutlich zu erkennen.

Die Interpretation der rechten Schnitzerei ist schwierig – ist dies überhaupt eine Frau?

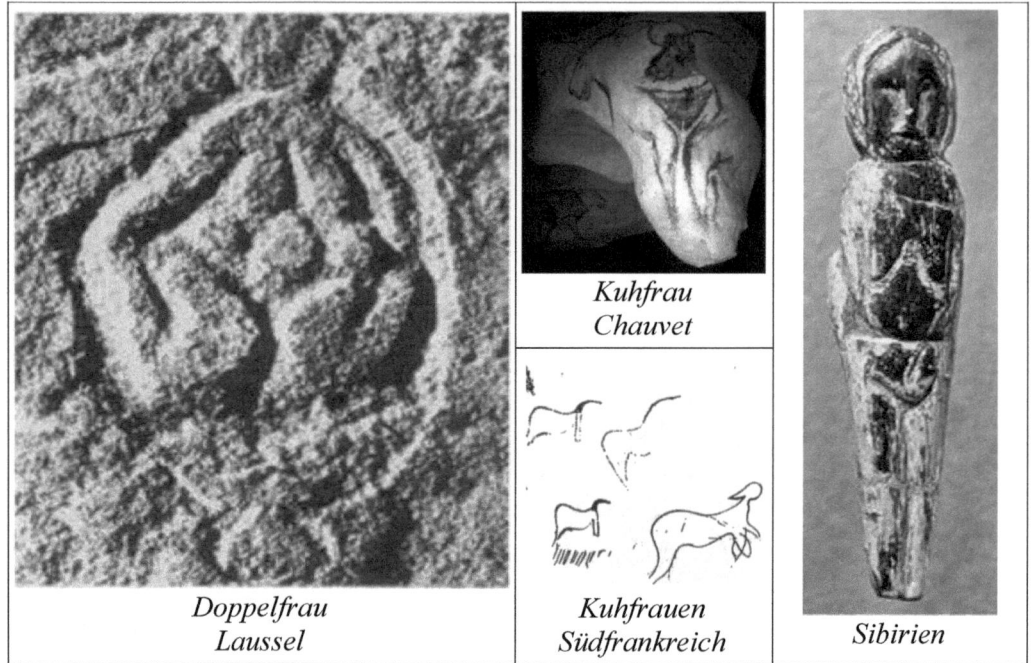

Doppelfrau
Laussel

Kuhfrau
Chauvet

Kuhfrauen
Südfrankreich

Sibirien

Aus Frankreich stammt die älteste „Doppelfrau" – die Mutter der Lebenden und die Mutter der Toten. Dieses vermutlich schon sehr alte Motiv hat sich bis zu der ägyptischen Göttin Hathor gehalten, die als Säule mit zwei Hathorköpfen an ihrem oberen Ende, die in entgegengesetzte Richtungen blicken, dargestellt worden ist. Auch die beiden Köpfe des ägyptischen Jenseitsfährmanns und des römischen Schwellengottes Janus haben diese Diesseits/Jenseits-Symbolik.

Von der Frau aus Chauvet ist nur das Schamhaar-Dreieck und die beiden Beine dargestellt worden – der Schoß der Göttin.

Die Kuh-Frauen haben eine Entsprechung in den altstienzeitlichen Stierkopf-Männern, die sich bis in die Mythe des Minotaurus und in die Stier-Verwandlung des Zeus bei seiner Entführung der Europa gehalten. Diese Kuh-Frauen sind die Vorläufer der späteren Kuhgöttinnen wie der sumerischen Inanna, der ägyptischen Hathor, der germanischen Audhumbla, der Dakota Göttin Pte-san-win („Weiße Büffelfrau") usw.

Die Frauen-Statuette aus Sibirien ist recht realistisch geformt worden – Schoß und Brüste sind betont, das Gesicht ist lebensnah. Sie trägt ihr Haar mit Mittelscheitel.

| Sibirien | Sibirien | Baikalsee | Pechialet |

Auch diese drei russischen und die eine französische Statuette sind wieder realitätsnah geformt worden. Bei der zweiten Statuette von links ist das Gesicht schon recht detailliert.

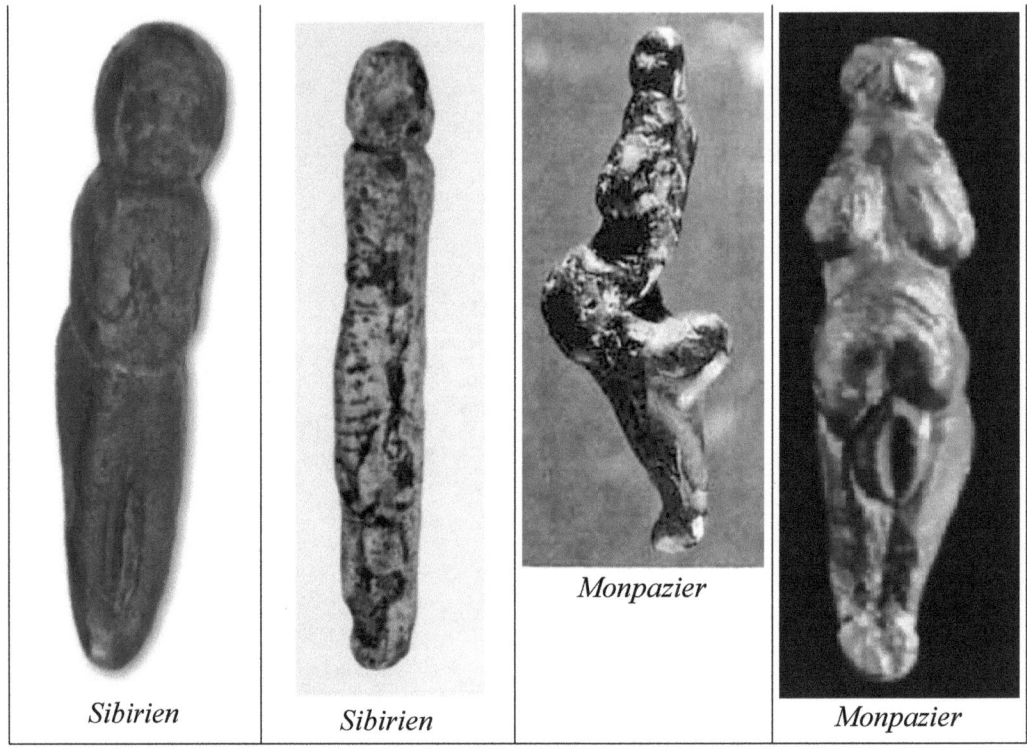

Sibirien   Sibirien   *Monpazier*   *Monpazier*

Die beiden sibirischen Statuetten sind wieder realistisch geformt worden, wenn auch recht detailarm.

Die linke Statuette aus Frankreich entspricht der Statuette aus Petrkovice in Tschechien, die 4000 Jahre zuvor angefertigt worden ist: leicht gebückte Haltung (vermutlich ein Hinweis auf die sexuelle Vereinigung), Gesäß ausgestreckt (links Mitte), betonte Knie (rechts etwas weiter unten), hier auch mit Kopf. Sie entspricht auch den „Kuh-Frauen", die 2000 Jahre zuvor in Frankreich hergestellt worden sind.

Bei der rechten Statuette ist der Schoß extrem betont worden.

26.000-25.000 v.Chr.

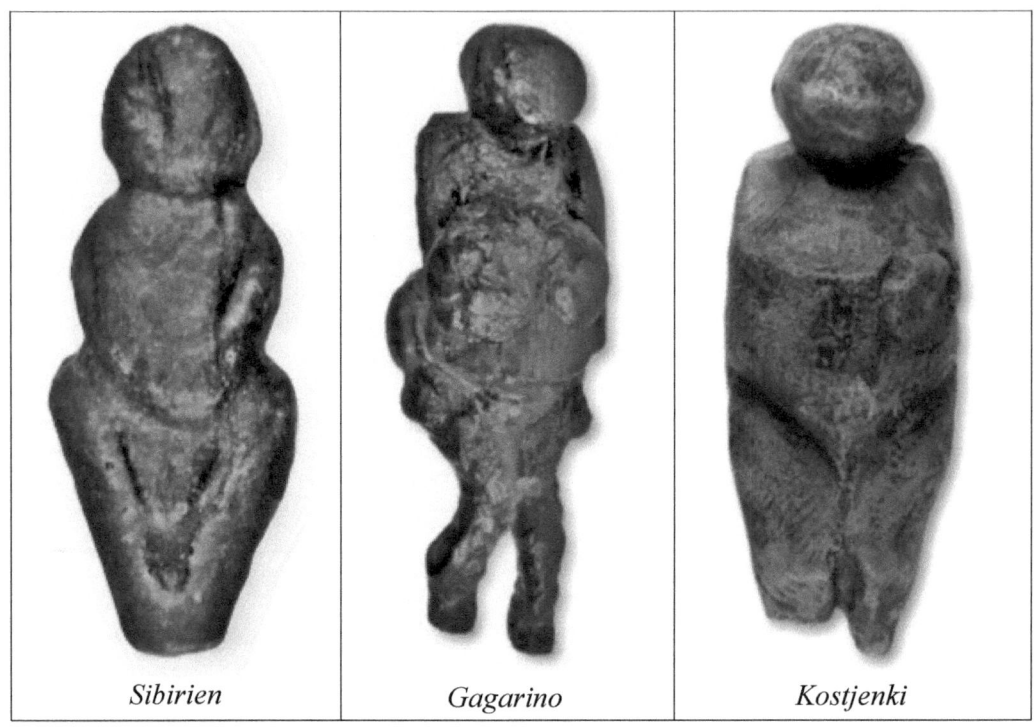

| *Sibirien* | *Gagarino* | *Kostjenki* |

Bei der sibirischen Statuette fällt lediglich das stilisierte Gesicht auf – ansonsten entspricht sie den früheren, realitätsnah geformten Statuetten.

Von den beiden anderen Statuetten, die aus der Ebene nördlich des Schwarzen Meeres stammen, ist die mittlere wieder auf eine schlichte Weise recht realitätsnah.

Die Statuette aus Gagarino ist auffällig detailreich: Sie hat einen dicken (Schwangerschafts-)Bauch und vor allem zwei getrennte Beine. Möglicherweise ist jedoch bei manchen Statuetten ein Teil der Beine abgebrochen.

Die rechte Statuette entspricht dem Fülle-Typ, der sich auch schon bei der allerersten Statuette 10.000 Jahre zuvor findet – die Fülle ist hier allerdings nur denzent angedeutet worden.

25.000-24.000 v.Chr.

34

| Frau mit Horn Laussel | Willendorf | Predmosti | Predmosti |

Die Französin ganz links hält in ihrer rechten Hand ein Horn, das vermutlich das Symbol für den Schoß ist – das spätere Füllhorn. Sie ist auch selber in dem Fülle-Stil dargestellt worden – allerdings mit einem erstaunlichen ästhetischen Feingefühl für die Proportionen. Sie hat glattes, schulterlanges Haar.

Die Dame aus Deutschland neben ihr ist auch wieder der Fülle-Typ. An ihr fällt ihre Haartracht auf, die aussieht, als ob es zu einem umlaufenden Zopf geflochten worden wäre. Daß das Haarmuster Kräusel-Locken darstellen soll, ist unwahrscheinlich, da ansonsten immer glatte Haare dargestellt worden sind.

Die beiden Statuetten aus Tschechien sind sehr stark abstrahiert worden: Kugelkopf und Leib.

**24.000-23.000 v.Chr.**

Gagarino

Dolni Vestnovice

Dolni Vestnovice

Dolni Vestnovice

Die Statuette links von den Ufern des Don in der südrussischen Steppe ist fast schon bis zur Abstraktion stilisiert worden: Alle Formen sind rund geworden – Fülle pur …

Die linke obere der drei Statuetten aus Tschechien ist derselbe Typ wie die links von ihr, nur daß es bei ihr noch ein paar Ecken und Kanten wie z.B. an den Schultern gibt.

Die Statuette unter ihr ist so stark abstrahiert worden, daß man sich fragt, ob das jetzt wirklich Po, Oberschenkel und Rückenansatz darstellen soll. Die Linien entsprechen von ihrem Stil her der Körperbemalung.

Auch die rechte Statuette ist sehr stark stilisiert worden: ein einfacher Stab mit zwei Brüsten …

23.000-22.000 v.Chr.

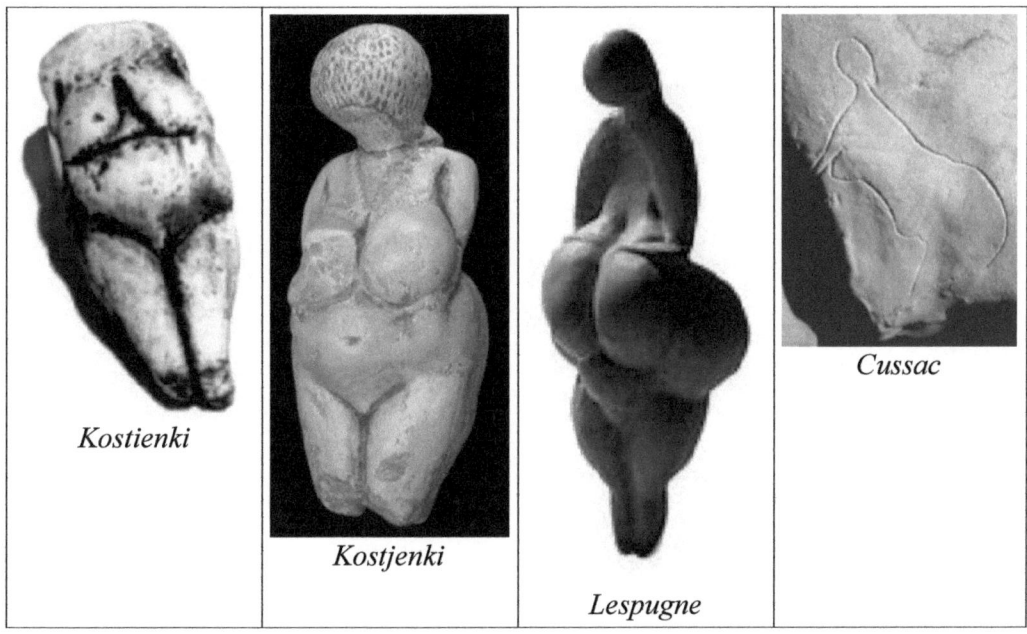

Kostienki

Kostjenki

Lespugne

Cussac

Die Statuette links von den Ufern des Don nördlich des Schwarzen Meeres entspricht dem realitätsnahen russischen Haupttyp, der hier allerdings etwas fülliger als sonst üblich ist.

Die zweite Statuette von links, die aus Rußland stammt, ist wieder – der Fülle-Typ. Auffällig ist das Band, das wie eine Kette getragen worden ist, und dann aber noch über den Bürsten einmal rings um den Körper verläuft – ein „Halsketten-Brustschmuck". Dies ist die früheste Darstellung von Kleidung bzw. Schmuck – wenn man einmal von der Körperbemalung absieht. Ihre Haare sind ähnlich dargestellt worden wie bei der 2000 Jahre älteren Venus von Willendorf. Handelt es sich dabei um einen Kurzhaarschnitt, der damals für längere Zeit en vogue war?

Die südfranzösische Statuette rechts neben ihr ist ebenfalls ein Fülle-Typ, allerdings mit so extrem stark betontem Gesäß und Brüsten, daß die Gestalt auf den ersten Blick gar nicht mehr erkennbar ist. Ihre voluminösen Brüste hängen weit bis auf den Bauch der Frau herab, die ihre Arme auf ihre Brüste gelegt hat.

Ganz rechts ist nochmal eine gebückte Frau zu sehen – der Typ der Kuh-Frau. Sie stammt ebenfalls aus Frankreich.

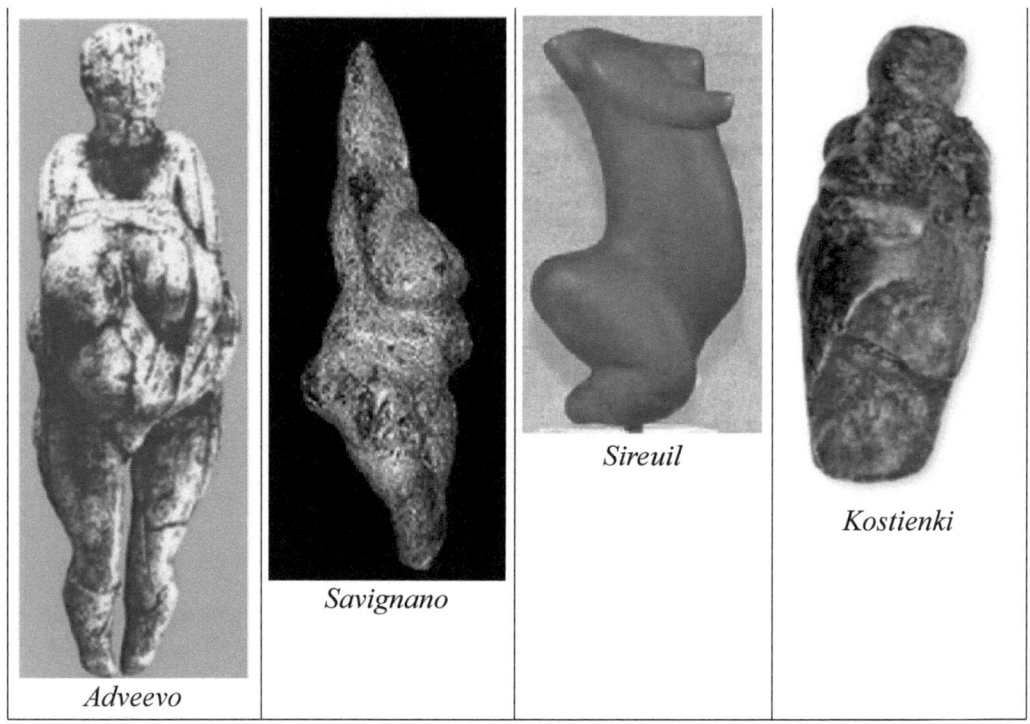

Sireuil

Kostienki

Savignano

Adveevo

Die russische Statuette links ist eine typische Fülle-Figur. Die Ritzungen über der Brust sind möglicherweise die Andeutung einer Körperbemalung oder eines „Hals-ketten-Brustschmucks".

Die italienische Statuette daneben kombiniert den Fülle-Typ mit dem Kuhfrau-Typ. Ihr Hals und Kopf sind extrem stilisiert worden.

Die französische Statuette gehört demselben Typ an – sie ist nur schlichter, eleganter und ein bißchen realitätsnäher ausgeführt worden.

Die russische Statuette ganz rechts weist keine Besonderheiten auf – sie ist auf eine sehr einfache Weise geschaffen worden.

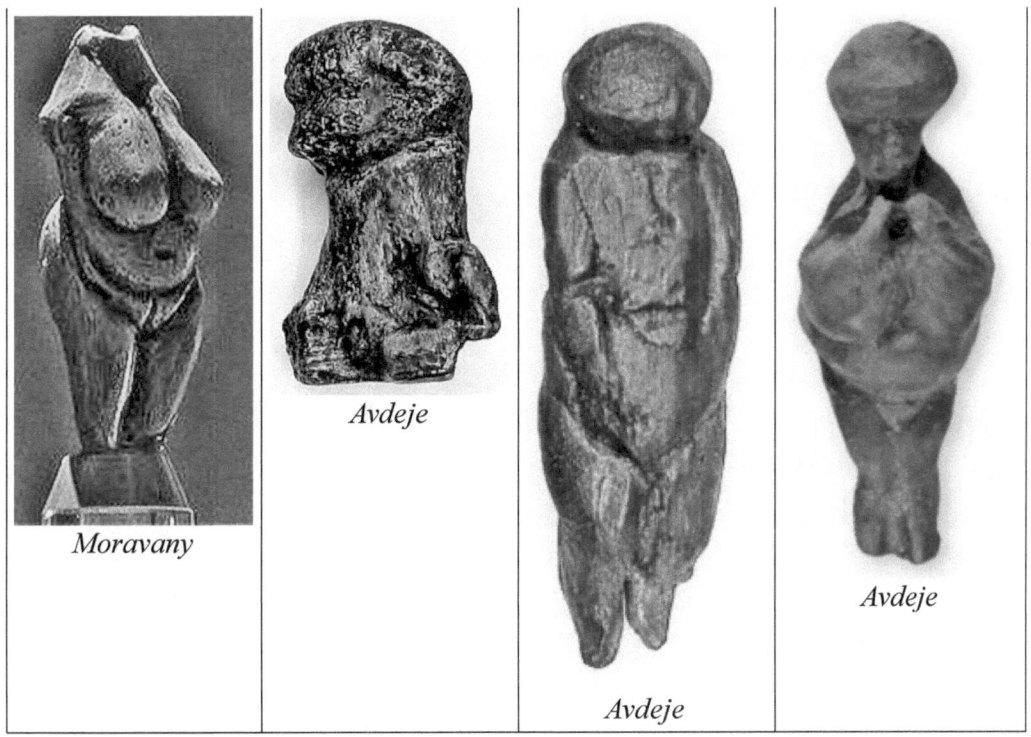

Moravany

Avdeje

Avdeje

Avdeje

Die Statuette ganz links aus der Slowakei gehört wieder zum Fülle-Typus, diesmal ohne die gebückte Haltung.

Die linke der drei russischen Statuetten stellt Kopf (Blicks nach links), Arm (rechts und unten) sowie Brust (links unten) einer Frau dar.

Die zweite Statuette von rechts ist sozusagen eine etwas schlankere Variante des Fülle-Typs – sie liegt zwischen dem Fülle-Typ und dem realitätsnahen Typ.

Die Statue rechts gehört wieder ganz deutlich zu dem Fülle-Typ.

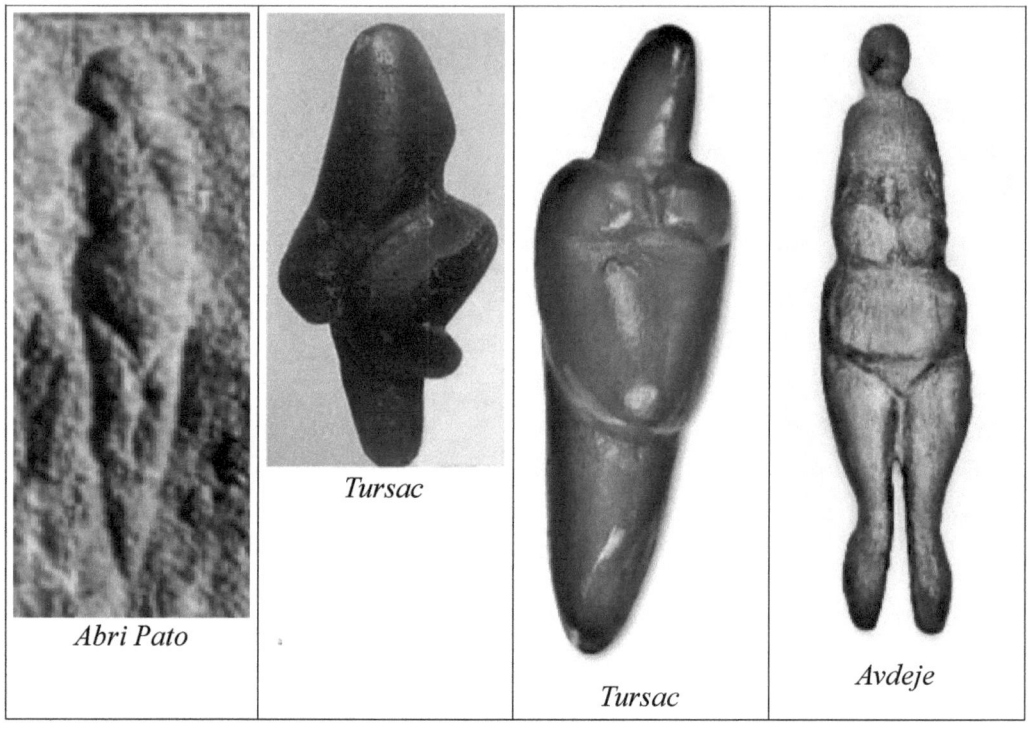

Abri Pato

Tursac

Tursac

Avdeje

Die spanische Felsritzung links stellt eine Frau mit realtätsnahen Proportionen und betontem Schamhaar dar.

Die sehr stark abstrahierte Figur daneben gehört zu dem gebückten Fülle-Typ, der mit der Kuh-Frau assoziiert worden ist.

Bei der zweiten Figur von rechts ist die starke Stilisierung des Fülle-Typs, die fast schon eine Abstrahierung ist, deutlich zu erkennen.

Die russische Statuette ganz rechts entspricht dem mittlerweile sozusagen schon „klassischen", etwas schlichteren Fülle-Typ.

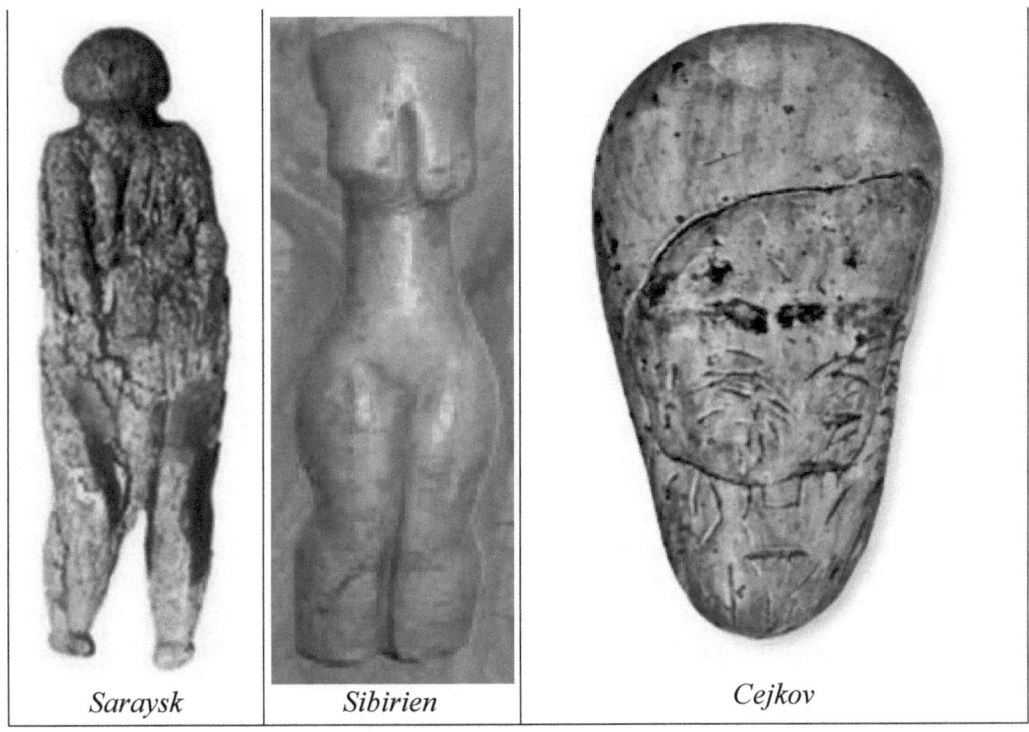

Saraysk	Sibirien	Cejkov

Die Figur links aus der Nähe von Moskau gehört zwar zum Fülle-Typ, hat aber trotzdem erstaunlich realitätsnahe Proportionen.

Die sibirische Statuette ist sowohl stilisiert als auch mit ästhetischen Feingefühl für die nicht-realitätsnahen Proportionen hergestellt worden.

Bei dem Fundstück aus der Slowakei kann man sich fragen, ob es sich tatsächlich um den Kopf einer Frau handelt oder ob er etwas anderes darstellen soll.

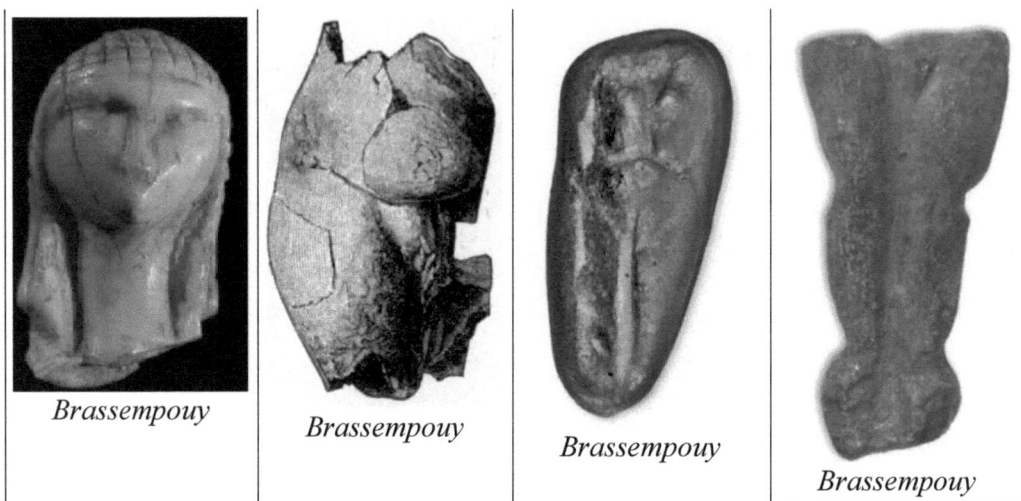

Brassempouy

Brassempouy

Brassempouy

Brassempouy

Diese Funde aus Südwestfrankreich sind recht verschieden. Der Kopf links wirkt fast realistisch. Es fällt jedoch auf, daß der Mund nicht einmal angedeutet ist – hat das einen Grund? Zudem ist das Kinn ausgesprochen spitz. Die Haare fallen wie glatte Haare, aber sie sind mit einem Quadrate-Muster verziert, was an die beiden älteren Statuetten erinnert, bei denen die Haare auf ähnliche Weise verziert worden sind. Auch der überlange Hals ist sehr auffällig. Dieser Kopf gehört offensichtlich einem neuen Stil an, auch wenn er einige alte Elemente enthält.

Die zweite Statuette gehört zum Fülle-Typ. Es sind nur der Hüftbereich sowie Teile der Brüste erhalten geblieben.

Das dritte Fundstück stellt die Beine, das Schamhaar-Dreieck und den unteren Bauch einer Frau dar.

Bei der Statuette ganz rechts sind nur die Beine und das Schamhaar-Dreieck zu sehen.

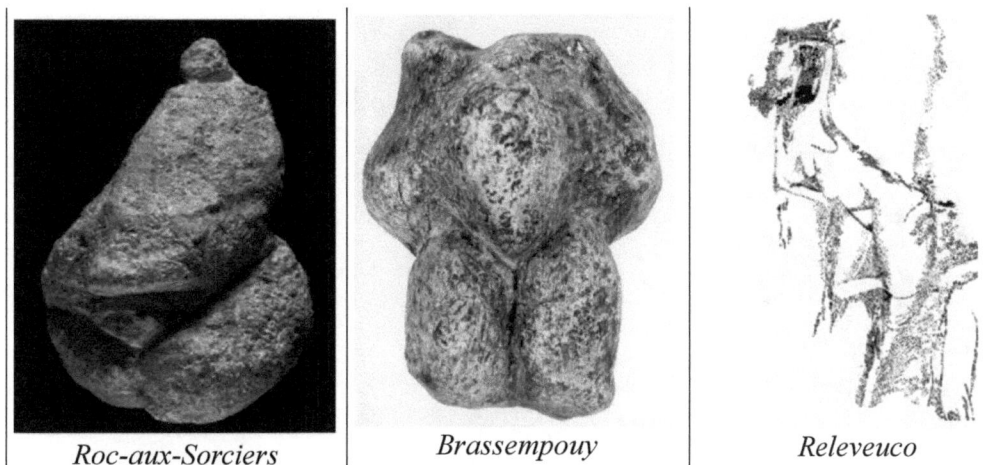

| Roc-aux-Sorciers | Brassempouy | Releveuco |

Bei den beiden französischen Statuetten links und in der Mitte ist die Fülle das auffälligste Merkmal.

Die Felsgravur rechts zeigt eine Frau mit weitgehend realitätsnahen Proportionen, die ihren linken Arm erhebt und ihre rechte Hand auf ihrer Hüfte zu liegen haben scheint – sie scheint ihren Beinen nach zu tanzen. Diese Armhaltung fand sich auch bei der Statuette von Galgenberg, die 15.000 Jahre älter ist – sie hält ebenfalls ihren linken Arm empor. Die Felsritzung von Laussel, die nur 8.000 Jahre älter ist, hält zwar ihre rechte Hand auf Schulterhöhe empor, aber sie hält in dieser Hand das Horn, das sie betrachtet.

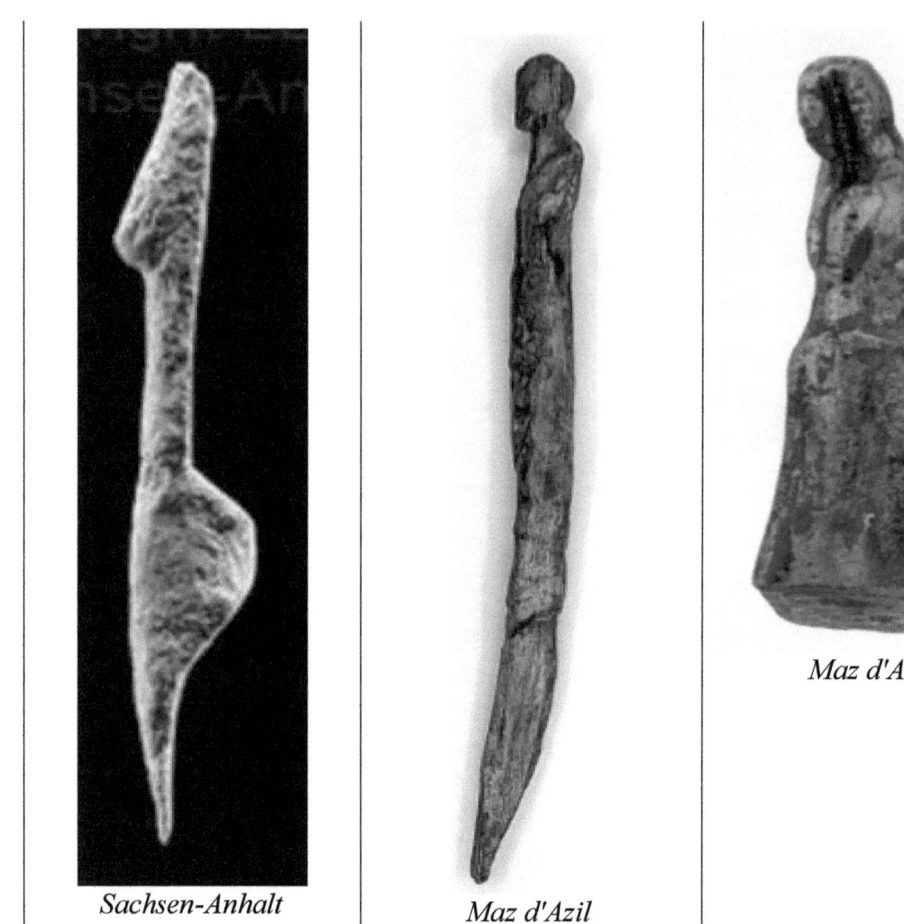

Maz d'Azil

Sachsen-Anhalt

Maz d'Azil

Die Statuette aus Ostdeutschland ist sehr langgestreckt, was jedoch an dem verwendeten Material liegen kann. Wie üblich sind Brüste und Gesäß betont.

Bei der mittleren französischen Figur ist das Schamhaar-Dreieck auf halber Höhe links zu erkennen. Die Herstellung von Statuetten aus Elfenbein und Holz führte zu hohen, schlanken Gestalten. Wahrscheinlich hat es viele solcher Statuetten aus Holz gegeben, die aber nicht erhalten geblieben sind. Vermutlich hat man diese Statuetten mit dem spitzen unteren Ende in die Erde gesteckt. Derartige schlichte Holzpfosten-Götter sind noch von den Wikingern bekannt.

Die Figur rechts wurde offenbar auf die Erde gestellt. Sie hat gerade einmal ausreichend Konturen, um sie als Frau erkennen zu können.

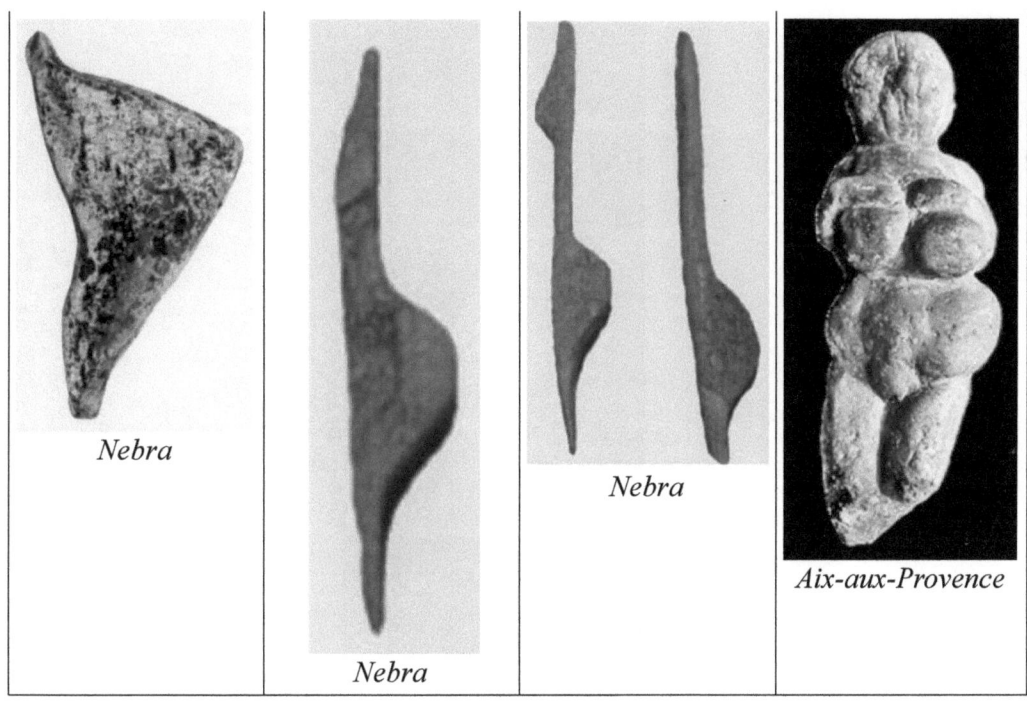

Nebra

Nebra

Nebra

Aix-aux-Provence

Die linke Statuette aus Ostdeutschland gehört zu dem gebückten Fülle-Stil, der hier sehr stark abstrahiert worden ist.

Die drei mittleren Varianten gehören zu dem langgestreckten Fülle-Typ, der sich aus der Verwendung von Holz ergeben hat.

Die französische Statuette rechts gehört wieder zum „klassischen" Fülle-Typ, der nunmehr schon gut 20.000 Jahre lang in Eurasien aus dauerhaften Materialien hergestellt worden ist.

Direcli Cave

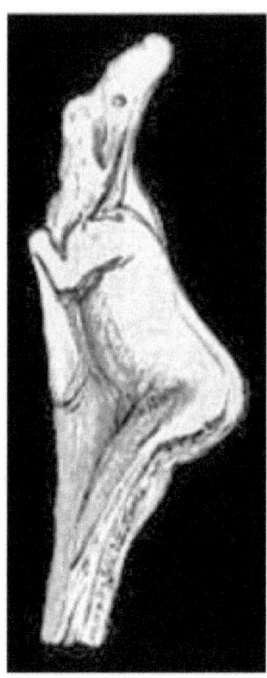

Laugerie Basse

*zwei Frauen
Lalinde*

Die Statuette links gehört zu dem Fülle-Typ. Es ist bemerkenswert, daß das Gesicht nicht dargestellt worden ist, aber die wieder aus kleinen Quadraten bestehende Haar-Markierung. Stellt dies eine besondere Frisur dar, die Frauen allgemein oder speziell die Muttergöttin trug? Diese Frisur findet sich um 25.000, 23.000, 18.000 und nun um 14.000 v.Chr., also im einem Zeitraum von 11.000 Jahren – die Mode war damals offensichtlich noch nicht so schnelllebig wie heute …

Die mittlere Statuette aus dem südwestlichen Mittelfrankreich gehört zum gebückten Fülle-Typ. Die Frau scheint einen Kuh-Kopf haben – aber das ist nicht sicher.

Die beiden Felsgravuren aus derselben Gegend wie die vorige Statuette stellen zwei stark reduzierte Frauen in der gebückten Haltung dar, die vermutlich ein Hinweis auf die sexuelle Vereinigung, also die Zeugung ist, die ja fest zu der Fruchtbarkeit, die diese Muttergöttin symbolisiert, dazugehört. Sie sind vermutlich die zweifache Göttin, die auch schon um 30.000 v.Chr. dargestellt worden ist.

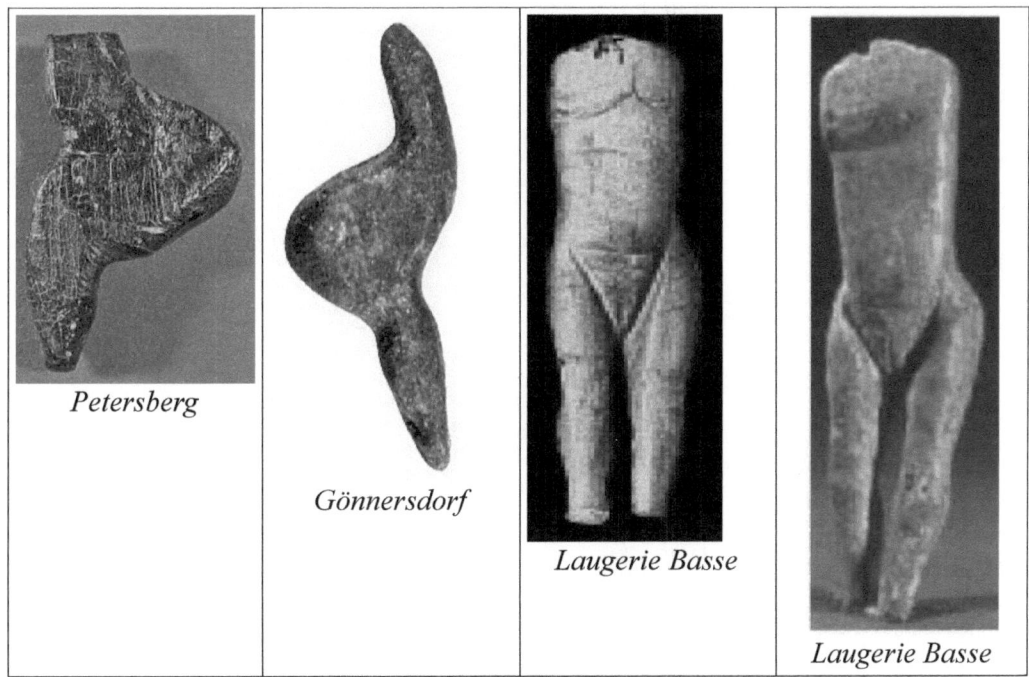

Petersberg

Gönnersdorf

Laugerie Basse

Laugerie Basse

Die beiden Statuetten aus Deutschland auf der linken Seite gehören zu dem stark stilisierten, gebückten Fülle-Typ.

Die beiden Statuetten aus Frankreich auf der rechten Seite sind erstaunlich realitäts-nah und sogar mit zwei eigenständigen Beinen angefertigt worden. Die Bruchstellen am Hals lassen vermuten, daß diese beiden Statuetten ursprünglich auch einen Kopf besessen haben.

12.000-11.000 v.Chr.

Angle-sur-Anglin

Bei diesen Figuren ist nur der Unterleib mit der Scheide dargestellt worden – die Fruchtbarkeit und das Gebären ist auf das Wesentliche reduziert ... Diese beiden Frauen sind in symbolischer Hinsicht vermutlich mit der zweifachen Göttin 2.000 Jahre zuvor bzw. 18.000 Jahre zuvor identisch.

11.000-10.000 v.Chr.

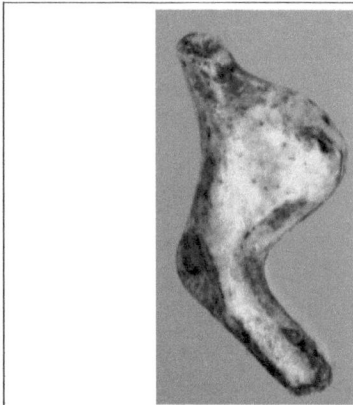

Pecarna

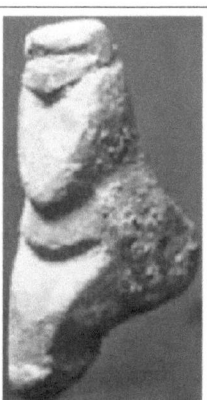

Courbet

Diese beiden Statuetten aus Tschechien bzw. Frankreich gehören zu dem stark abstrahierten, gebückten Fülle-Typ.

48

I 3. b)   Die Göttin in der Jungsteinzeit

10.000-9.000 v.Chr.

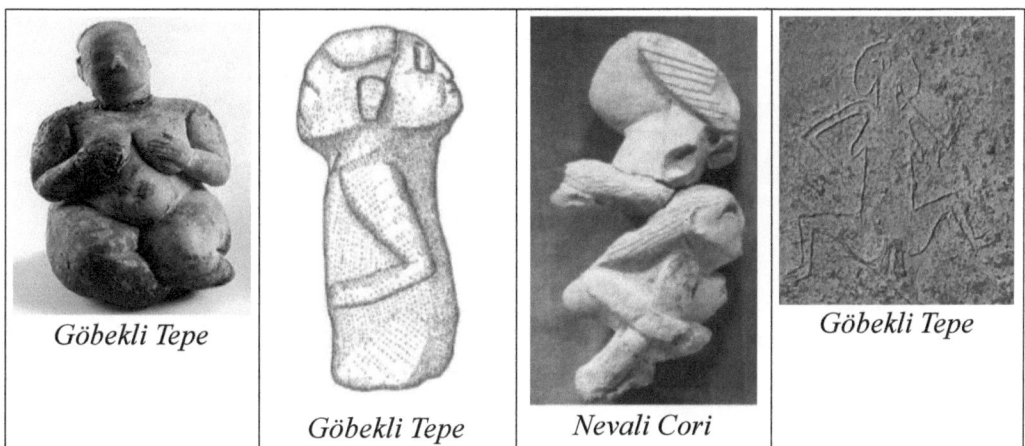

Göbekli Tepe

Göbekli Tepe

Nevali Cori

Göbekli Tepe

Die Statuette ganz links verbindet den Fülle-Typ mit einer noch einmal deutlichen gesteigerten Realitätstreue. Die Geste der Hände auf den Brüsten kann man vermutlich als Einladung zum Gestilltwerden auffassen. Diese Geste fand sich auch schon 4.000, 5.000, 13.000 und 15.000 Jahre zuvor bei einer Statuette.

Die zweite Figur zeigt eine Frau mit zwei Gesichtern – die „doppelte Frau", die 20.000 Jahre zuvor dargestellt worden ist, ist also nicht in Vergessenheit geraten. Die Göttin ist noch immer durch die Geburt die Mutter der Lebenden und durch die Wiedergeburt die Mutter der Toten. Vermutlich sind die beiden 2.000 Jahre bzw. 4.000 Jahre zuvor dargestellten Frauen-Paare ebenfalls diese „zweifache Göttin".

Die dritte Figur zeigt eine Frau mit langem, glattem Haar, die nach rechts blickt, sowie einen ihrer Arme. Von der zweiten Frau, die nach links blickt, ist nur noch ein Teil der Haare, ein Auge und ein Arm zu sehen. Auch dies wird wieder die „zweifache Göttin" sein. Über ihr ist ein Vogel zu sehen – vermutlich einer der Seelenvögel, die diese Göttin wiedergeboren hat. Dieses Bruchstück wird der obere Teil eines steinernen Totempfahls gewesen sein – er ist deutlich größer als die bisherigen Statuetten. Sehr wahrscheinlich hat es zuvor solche Totempfähle aus Holz gegeben.

Die vierte Figur ist eine ziemlich realitätsnah dargestellte Frau mit gespreizten Beinen, betonter Scham und betonten Brüsten: Zeugung, Geburt und Stillen sowie Wiederzeugung, Wiedergeburt und Wiederstillen. Sie hält ihren linken Arm nach oben und den rechten nach unten – wie die die beiden Statuetten, die 7.000 bzw. 22.000 Jahre älter sind. Sollten diese beiden Handhaltung auf Diesseits und Jenseits hinweisen? Das wäre zumindestens die einfachste Erklärung für diese doch erstaunlich beständige Symbolik, bei der über 22.000 Jahre hinweg die links Hand nach oben und die rechte Hand nach unten weist.

9.000-8.000 v.Chr.

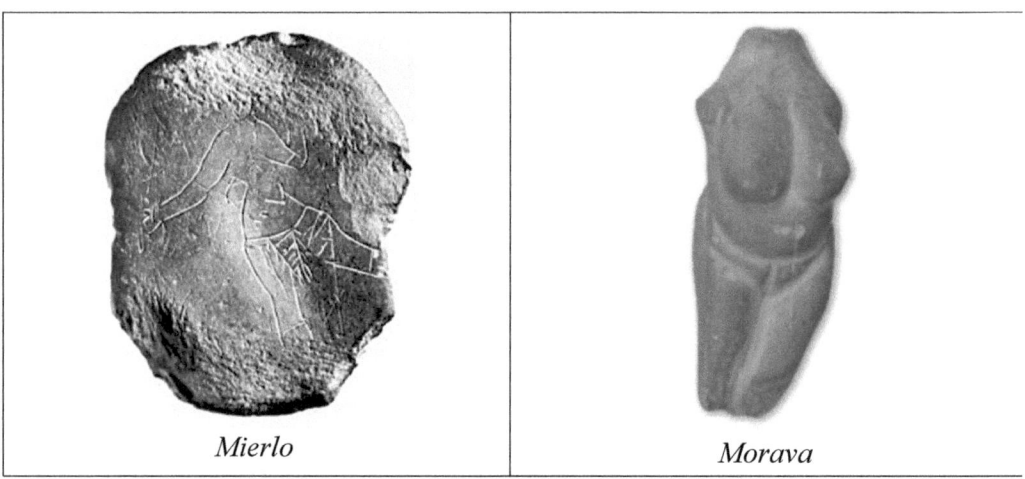

| *Mierlo* | *Morava* |

Auf der Steinritzung aus den Niederlanden ist eine junge Frau zu sehen, die anscheinend einen knielange Hose, einen Lendenschurz und ein ellenbogenlanges Hemd trägt. Allerdings sind nur der Lendenschutz sicher als Kleidungsstück erkennbar. Die Frau wirkt erstaunlich sportlich-schlank – geradezu realistisch wie eine Jägern (damals ernährte man sich noch hauptsächlich von der Jagd).

Die rechte Figur aus Tschechien entspricht dem auf weitgehend realistische Maße reduzierten Fülle-Typ.

 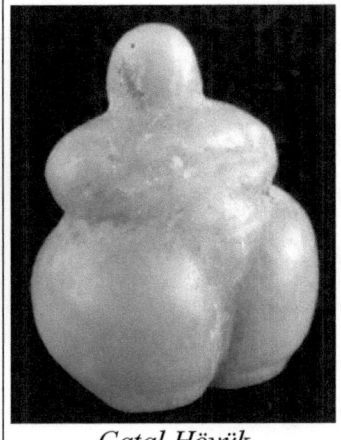 

| *Çatal Höyük* | *Çatal Höyük* | *Çatal Höyük* |

Diese drei Figuren aus der West-Türkei entsprechen dem Fülle-Typ.

Die linke Figur wird von zwei Panthern begleitet und sitzt auf einem Thron – davon haben sich die späteren Göttinnen-Namen Isis, Astrate, Ashtoreth usw. abgeleitet, die alle „Sitz, Thron" bedeuten. Sie ist in einem „markant-realistischen" und zugleich „gesteigert-übertriebenen" Stil angefertigt worden. Bei ihr ist das erste Mal ein Teil ihrer Umgebung (ihr Thron) mitplastiziert worden – wenn man einmal von dem Horn in der Hand der Göttin von Laussel 17.000 Jahre zuvor absieht.

Die mittlere Figur entspricht dem schon fast abstrakten Stil, der nur noch aus Rundungen besteht.

Die rechte Figur stellt eine neue Variante der zweifachen Göttin dar. Trägt sie einen Gürtel?

Hacilar

Cucuteni

Hacilar

Samarra

Die Figur links aus der südwestlichen Türkei ist wieder die zweifache Göttin. Die Körperbemalung, die auf den bisherigen Statuetten nur durch Ritzungen angedeutet gewesen ist, ist hier gut zu sehen. Die Figur hält ihre Hände unter ihren Brüsten, als würde sie sie einem Baby zum Säugen reichen.

Auch die Figur aus Cucuteni in der Ukraine, die im Fülle-Stil gefertigt worden ist, weist diese Bemalung auf. Hier findet sich dieselbe Hand-Haltung wie links.

Die rechte Figur aus Hacilar sitzt zwar, aber entspricht ansonsten der Figur links von ihr, auch wenn keine Körperbemalung dargestellt ist.

Die rechte Statuette aus Mesopotamien ist wieder eine bemalte Figur im Fülle-Stil mit der typischen Hand-Haltung an den Brüsten.

Hacilar

Hacilar

Ägypten

Die beiden linken Figuren sind wieder die zweifache Göttin – einmal mit und einmal ohne Körperbemalung.

Links ist die Vorläuferin der Göttin Hathor zu sehen: breite Hüften, deutlich Brüste, Kuhhörner andeutende Arme und ein vogelartiger Kopf (sie ist die Mutter der Seelenvögel).

5.000-4.000 v.Chr.

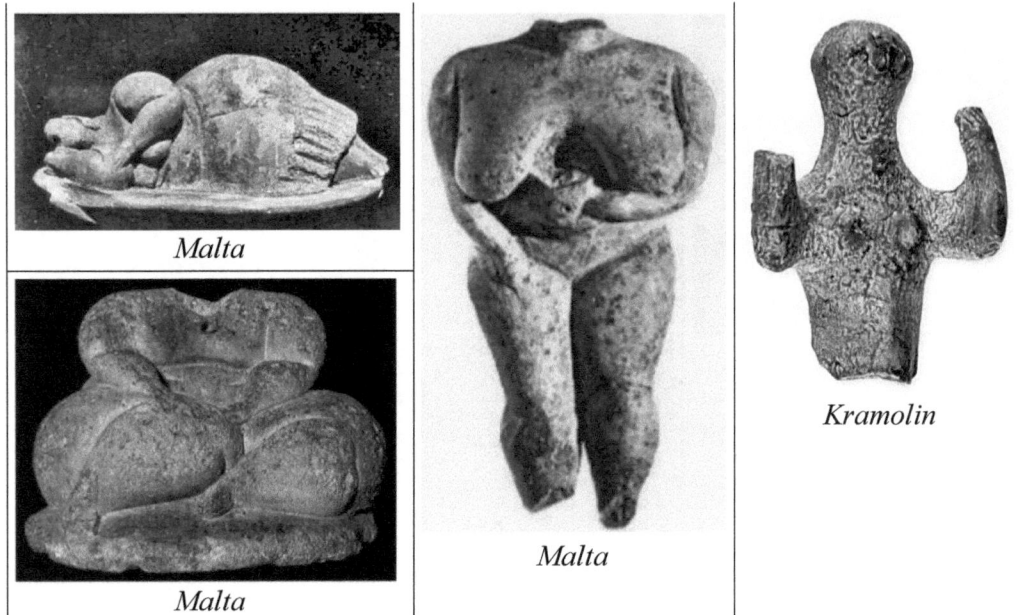

Malta

Malta

Malta

Kramolin

Links oben ist eine liegende Göttin im Fülle-Stil zu sehen, die ein Kleid trägt. Sie liegt auf einem Lager.

Die Frauen-Statuette unten links gehört ebenfalls zum Fülle-Stil. Hier ist eine neue Beinhaltung zu sehen – beide sind nach links vorne hin abgewinkelt.

Die zweite Figur von rechts ist zwar im Fülle-Stil gehalten, aber ihre üppigen Proportionen beschränken sich auf ein realistisch aussehendes Maß.

Die Frauen-Statuette aus Tschechien ganz rechts hat zwei erhobene Arme – ein neues Motiv, das sich später in Ägypten als Hieroglyphe für „Lebenskraftkörper" (Astralkörper) und „Freude" findet.

54

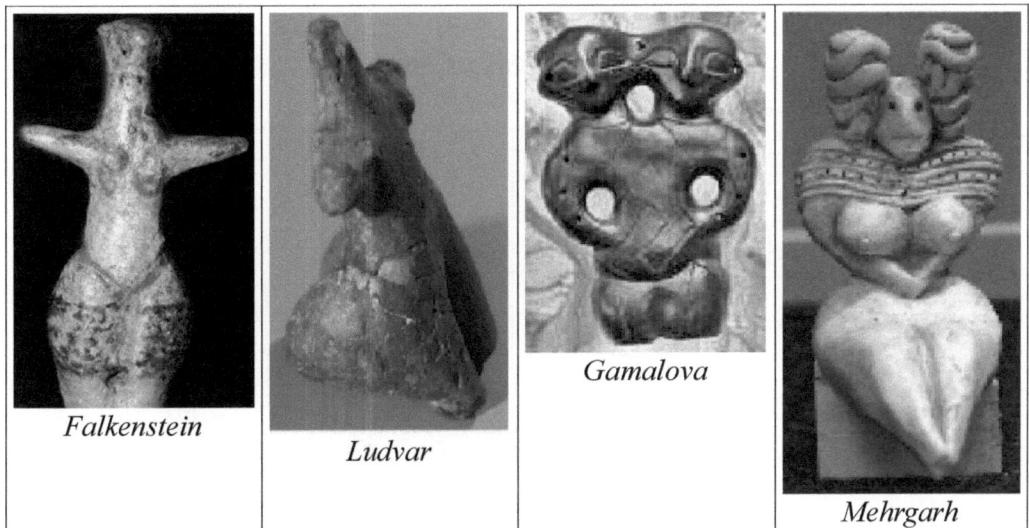

Falkenstein

Ludvar

Gamalova

Mehrgarh

Die linke Statuette ist weitgehend realitätsnah gestaltet worden, wenn man einmal von der Vereinfachung des Kopfes und der Arme absieht. Wozu mag das Loch zwischen der Mitte der Oberschenkel gedient haben? Sie hat an den Armen und Brüsten eine rote Körperbemalung. Die roten Linien auf dem Bauch sehen nach einem Schmuckgürtel aus. Das türkisfarbene Muster auf den Oberschenkel scheint eine Körperbemalung zu sein, da diese Stelle für ein Kleidungsstück recht merkwürdig wäre.

Die ungarische Statue daneben hat ein überdimensionales Gesäß sowie stilisierte Arme und einen stilisierten Kopf.

Die bulgarische Statuette ist eine zweifache Göttin. Möglicherweise ist auf ihr eine Körperbemalung angedeutet.

Die Statuette ganz rechts aus Mehrgarh am unteren Indus entspricht dem Fülle-Typ und sie hat auch die typische Hand-Haltung. Sie scheint ein Schultertuch zu tragen und sie hat eine sehr auffällige Frisur, die an die Arme der ägyptischen Statuette 2.000 Jahre zuvor erinnert sowie an die Hörnerhelme der sumerischen Götter. Diese Kultur ist ein Ableger der mesopotamischen Kultur in Elam.

I 3. c)   Die Göttin in der Epoche des Königtums

3.000-2.000 v.Chr.

Kreta

Hathor

Narunte

Inanna

Um 3.250 v.Chr. beginnt mit der Gründung des Ägyptischen Reiches die Epoche des Königtums.

Die Statue der ägyptischen Göttin Hathor zeigt die Göttin als Kuhgöttin (Hörner) und als Sonnenmutter (Sonnenscheibe). Ihre Frisur entspricht dem etwas mehr als schulterlangen Haar verschiedener früherer Göttinnen.

Die kretische Göttin erscheint zusammen mit den beiden Panthern, die hier geflügelt sind. Auch sie trägt Kuhhörner als Krone sowie einen Stern (Sonne?).

Die elamitische Muttergöttin Narunte trägt ein Kleid aus Federn, das sie als Mutter der Seelenvögel kennzeichnet. Dieses Motiv findet sich auch bei ihren nordwestlichen Nachbarn in Sumer. Ihr Thron gleicht dem der Göttin von Çatal Höyük 4.000 Jahre zuvor – alledings ohne die beiden Panther-Armlehnen.

Die sumerische Muttergöttin Inanna trägt eine Hörnerkrone und ein Federkleid und hat ihre Füße auf ihre beiden Panther gesetzt (es ist nur einer abgebildet).

Isis | Elam | Harappa | Atargatis

Das Mutter-Motiv wird bei Isis durch ihren Sohn Horus verdeutlich – er ist der Falkengott, d.h. das Urbild des Seelenvogels. Auch die Göttin Hathor ist die Mutter des Horus – ihr Name bedeutet „Haus der Horus“, d.h. „Schoß, der den Horus gebiert“.

Die elamitische Göttin ist sehr deutlich als Kuh-Frau erkennbar. Sie hält den Kelch mit ihrer lebenspendenden Milch, der später zu dem Ritualtrank und zu dem Lebenselixier der Alchemisten geworden ist.

Die Göttin aus Harappa am Indus in der Nachbarschaft von Mehrgarh ist mit zwei Panthern oder Löwen dargestellt worden. Dies Motiv zieht sich durch die gesamte eurasiatische Mythologie und findet sich u.a. bei den beiden Löwen der Cybele, den beiden Löwen der Rhea, den Panthern der ägyptischen Mafdet, den beiden Katzen der germanischen Freya usw.

Der Löwenthron der syrischen Göttin Atargatis gleicht ganz dem Pantherthron der Göttin von Çatal Höyük 5.000 Jahre vorher.

Nechbet

Sachmet

Isis-Hathor

Bastet

Die ägyptische Göttin Isis-Hathor wurde im Mittelmeerraum zu der wichtigsten Göttin. Sie erhielt manchmal den Umhang hinzu, der sich später auch bei Maria findet.

Die Göttin war nicht nur die „Göttin mit den Panthern/Löwen/Katzen", sondern auch die Löwenfrau (Ägypten: Sachmet), die Pantherfrau (Ägypten: Mafdet) und die Katzenfrau (Ägypten: Bastet). Als Löwengöttin Sachmet ist sie auch die Sonnenmutter.

Die Katzengöttin Bastet ist in den meisten Fällen die friedliche und weniger kriegerische Variante der Löwengöttin Sachmet und der Panthergöttin Mafdet.

Die beiden ägyptischen Geiergöttinnen Mut und Nechbet haben das Motiv des Geierweibchens als Sonnenmutter aus Göbekli Tepe bewahrt – der Name „Mut" bedeutet „Mutter".

Isis

Isis

Maria

Maria

Bis 600 n.Chr. bestand noch der Isis-Kult weiter; ab da ging ihre Symbolik ganz in Maria auf. Links hält Isis das Sistrum (Ritual-Rassel) der Hathor und den den Wasserkrug der persischen Göttin Ardvi Sura Anahita.

Auf dem zweiten Bild von links hält sie einen Stab und einen Wasserkrug. Sie wurde als die Gesamtheit aller Göttinnen des Mittelmeerraums angesehen.

Maria erscheint als Fortführung der Isis, wobei Christus an die Stelle des Horus tritt – das Wesen dieser Gottheiten blieb dasselbe, nur die Namen wurden ausgetauscht.

I 3. d)   Die Göttin in der Neuzeit

1.000-2.000 n.Chr.

Maria

Maria

Isis-Hathor

Isis-Hathor

   Die Symbolik der Maria blieb die der Gottesmutter. In vorchristlicher Zeit ist die Göttin die Sonnenmutter gewesen – Christus ist an die Stelle der Sonne getreten und wurde auch oft der Sonne verglichen.
   In neuerer Zeit ist auch wieder Isis-Hathor populärer geworden, die weitgehend mit ihrer alten Symbolik erscheint.

I 3. e)   Zusammenfassung

Aus dieser Betrachtung der Entwicklung der Göttin in den letzten 38.000 Jahren lassen sich auf zwei Weisen einige Charakterzüge der Göttin von Göbekli Tepe erschließen: Zum einen hat die Göttin die Merkmale, mit denen sie in Göbekli Tepe und generell zu der damaligen Zeit im nördlichen Mesopotamien dargestellt worden ist, und zum anderen sollte sie auch die Merkmale haben, die sowohl zuvor als auch danach bei den Göttinnen auftreten.
Diese Charakterzüge sind:

1. Sie ist eine Muttergöttin und symbolisiert die Fruchtbarkeit.

2. Sie ist die stillende Mutter und daher die Spenderin der Fülle, weshalb sie oft als sehr beleibt dargestellt wird – eine Fülle an Nahrung. Dieses Stillen und diese Fülle werden auch durch das Füllhorn dargestellt. Sie hält ihre Hände unter oder auf ihre Brüste – sie bietet den Menschen ihre Milch an. Auch ihre Halskette bzw. ihr Brustschmuck betont ihre nährenden Brüste. Ihre Milch ist der Ursprung der Ritualtränke vom indischen Soma-Trank über den germanischen Met bis hin zum Abendmahl-Wein. Sie wird zwar erst ab ca. 3000 v.Chr. mit einem Kind auf ihrem Schoß, das sie stillt, dargestellt, aber die Symbolik der Göttin enthält dieses Motiv unausgesprochen bzw., in nicht dargestellter Weise auch schon vorher.

3. Die Schwitzhütte ist der Bauch der Göttin und ebenso die Höhlen mit den Höhlenmalereien, die Reisighügel auf den Gräbern, die späteren Hügelgräber und die späteren Megalith-Anlagen und allgemein die Tempel – bis hin zu „Mutter Kirche".

4. Sie ist eine zweifache Göttin: die Mutter der Lebenden im Diesseits und die Mutter der Toten im Jenseits. Sie wird als zwei Frauen, als Frau mit zwei Gesichtern oder zwei Köpfen oder zwei Oberleibern oder auch als Doppelfrau wie auf einer Skatkarte dargestellt. Diese große Vielfalt zeigt die Wichtigkeit dieses Motivs.

5. Sie ist die Göttin der Zeugung, der Geburt und des Stillens im Diesseits und sie ist die Göttin der Wiederzeugung, der Wiedergeburt und des Wiederstillens im Jenseits. Daher werden bei ihr Schoß, Gesäß und Brüste betont.

6. Sie ist die Kuh-Frau, da die Kuh das Symbol der Fruchtbarkeit ist. In späterer Zeit wurde ihr Kuhkopf oft zu einer Kuhhörner-Krone.

Die Zeugungskraft der Männer wurde in der Altsteinzeit durch die Stier-kopf-Tänzer dargestellt.

7. Sie ist die Mutter der Toten und somit die Mutter der Seelenvögel. Diese Seelenvögel erscheinen u.a. auf den Totempfählen. Die Göttin hat als Mutter der Seelenvögel die Gestalt des größten Vogels: Sie ist ein Geierweibchen. In späterer Zeit trägt sie ein Federkleid.

Sie ist in den schriftlich überlieferten Mythen (also ab 3.250 v.Chr.) die Mutter des Urbildes der Seelenvögel, also des Seelenvogel-Gottes wie dem ägyptischen Horus oder dem sumerischen Imdugud.

8. Sie ist die Frau mit den beiden Panthern. Sie gibt den Jägern die Kraft des Panthers für ihre Jagd. Vermutlich ist sie auch selber eine Jägerin und ein Pantherweibchen. Die Zweizahl ihrer Panther bezieht sich vermutlich auf ihre Darstellung als zweifache Göttin – evtl. sekundär auch auf die Kraft für die Jäger im Diesseits und die Kraft für die Schamanen im Jenseits (das Groß-raubtier ist in allen Kulturen das Symbol der Schamanen).

Die Jäger bzw. Schamanen erscheinen sowohl in der Altsteinzeit als auch in der Jungsteinzeit und ebenso in den schriftlich überlieferten Religionen als Panther-Tänzer, Löwen-Tänzer, Leoparden-Priester, Jaguar-Schamane u.ä. (Ägypten: Bes). In Göbekli Tepe ist einer der Totempfähle von seiner Grund-gestalt her ein Mann mit den Ohren eines Panthers.

9. Da die Ahnen in der Unterwelt die Gestalt von Schlangen haben, ist sie auch die „Frau mit den Schlangen", die „Mutter der Schlangen" und die „Schlangengöttin". Sie hält des öfteren in jeder Hand eine Schlange – analog zu ihren beiden Köpfen und zu ihren beiden Panthern.

10. Sie hebt ihren linken Arm empor und weist mit ihrem rechten Arm nach unten. Vermutlich sind dies Himmel und Erde und somit Diesseits und Jen-seits.

Diese Symbolik findet sich auch noch sehr viel später als „wie oben, so unten" in der Astrologie (Planetenstand, Charakter), in der Symbolik des hebräischen Buchstabens „aleph", in der Haltung des „Magiers" im Tarot, in der Haltung der Christengemeinschafts-Priester beim Segnen usw.

11. Das Blut und somit allgemein die Farbe „Rot" ist schon früh ein Sym-bolik des Lebens gewesen. Der rote Ocker wurde den archäologischen Funden zufolge schon in der späten Altsteinzeit reichlich in den Ritualhöhlen benutzt.

12. Die Astralreise ist ein wesentliches Element der damaligen Vorstellungen gewesen: Das Schweben außerhalb des eigenen physischen Körpers bei einem Nahtod-Erlebnis zeigte eindrücklich, daß es mehr als nur den Körper gab und daß der Mensch auch eine Seele hat. Dieses Erlebnis wurde in den Höhlenmalereien durch einen auf einem Stab sitzenden Vogel dargestellt. Aus ihm haben sich dann die erst hölzernen und dann ab dem Beginn der Jungsteinzeit auch die steinernen Totempfähle entwickelt.

Die Göttin war auch die Mutter dieser Seelenvögel.

13. Das Innere Feuer („Kundalini", „Tummo") wurde vermutlich schon bald nach den ersten Versuchen, die Astralreise willentlich hervorzurufen, entdeckt. Wie der Totempfahl von Göbekli Tepe zeigt, ist dieses Innere Feuer schon damals mit den Schlangen assoziiert worden – die Kundalini-Schlange ist damals die Kraft gewesen, die von den Ahnen aus der Erde heraus zu ihren lebenden Nachkommen gesandt worden ist.

Als Göttin der Panther und als Mutter der Schlangen-Ahnen und der Seelenvögel ist die Göttin vermutlich auch die Göttin des Inneren Feuers gewesen.

14. Der Thron, auf der die Göttin seit 7.000 v.Chr. sitzt, geht vermutlich auf die Bank innen an der kreisförmigen Wand der Tempel von Göbekli Tepe zurück.

15. Die Körperbemalung hatte vermutlich auch in der Altsteinzeit die Symbolik des „Kraftspendens". Ob damals dafür nur roter Ocker verwendet worden ist oder auch das Blut von Tieren wie in dem Opferkult, der in historischer Zeit weltweit verbreitet gewesen ist, läßt sich nicht sicher nachweisen – aber es ist doch sehr naheliegend und daher auch sehr wahrscheinlich.

16. Es gibt zwei Frisuren: das mehr als schulterlange, glatte Haar und das zu einer Art Haube geflochtene (?) Haar. Diese Haar-Haube ist allerdings unsicher, da es sich bei den Darstellungen auch um etwas anderes handeln könnte – Kräusel-Locken scheinen es jedoch nicht zu sein.

I 4. Die Göttin von Göbekli Tepe

Man kann sich die Frage stellen, ob alle Frauenbilder aus der damaligen Zeit eine Göttin dargestellt haben oder ob vielleicht auch einfach Frauen dargestellt worden sind.

Da in der gesamten späten Altsteinzeit immer derselbe Grundtyp von Frau geformt worden ist, sollten diese Statuetten und Gravuren ein für alle bedeutsames Urbild gewesen sein und nicht nur ein für einen einzelnen Menschen bedeutsames Bild. Vermutlich ist damals auch das individuelle „Frauen-Bild" noch mit dem kollektiven „Frauen-Urbild" weitgehend identisch gewesen.

Solche Aspekte des dargestellten Frauenbildes wie die Verdopplung, die Arm-Geste und das Horn in der Hand zeigen deutlich, daß nicht einfach nur „eine Frau" dargestellt worden, sondern eine Göttin – wie auch immer man damals dieses Urbild von Frau und Mutter bezeichnet haben mag.

Daher kann man auch die Frauen-Bilder von Göbekli Tepe insgesamt betrachten, um das Urbild der Frau und Mutter in Göbekli Tepe zu erfassen – also die „Göttin von Göbekli Tepe".

Es gibt insgesamt dreizehn Statuetten und Bilder bzw. andere Darstellungen der Göttin von Göbekli Tepe:

> 1. Die Fülle-Frau I
> 2. Die Fülle-Frau II
> 3. Das Tempel-Bild
> 4. Ein Relief-Bruchstück
> 5. Der „Totempfahl der zweifachen Göttin"
> 6. Die Seelenvogel-Göttin
> 7. Die Geiergöttin
> 8. Das Göttin-Symbol
> 9. Das Diesseits/Jenseits-Symbol
> 10. Der Schwitzhütten-Tempel
> 11. Die Panthergöttin
> 12. Die Schlangengöttin
> 13. Der „Doppel-Mensch"

I 4. a)   Die „Fülle-Frau I"

die „Fülle-Frau" I

Diese Frau/Göttin entspricht der Tradition der „Frau der Fülle" aus der späten Altsteinzeit (50.000-10.000 v.Chr.). Sie ist hier allerdings erstaunlich realitätnah dargestellt worden – die Formen wirken echt und sogar weich. Selbst der Bauchnabel ist angedeutet worden. Die einzige Stilisierung ist das „Abflachen der Ecken" vor allem im Gesicht.

Die Frau betont ihre Brüste, da sie ihre Hände auf sie legt. Diese Betonung und ihre üppigen Körperproportionen kennzeichnen sie recht sicher als eine Göttin des Stillens und der Nahrung.

Die seitlich untergeschlagenen Beine sind damals vermutlich eine übliche Art gewesen, auf der Erde zu sitzen – sie findet sich auch bei den jungsteinzeitlichen Göttinnen aus Malta.

Der leicht schräggelegte Kopf wirkt freundlich und einladend.

Die Göttin von Göbekli Tepe ist eine Göttin der Fülle: eine Göttin des Stillens, des Wiederstillens (der Toten im Jenseits) und allgemein der Ernährung.

65

I 4. b)   Die „Fülle-Frau II"

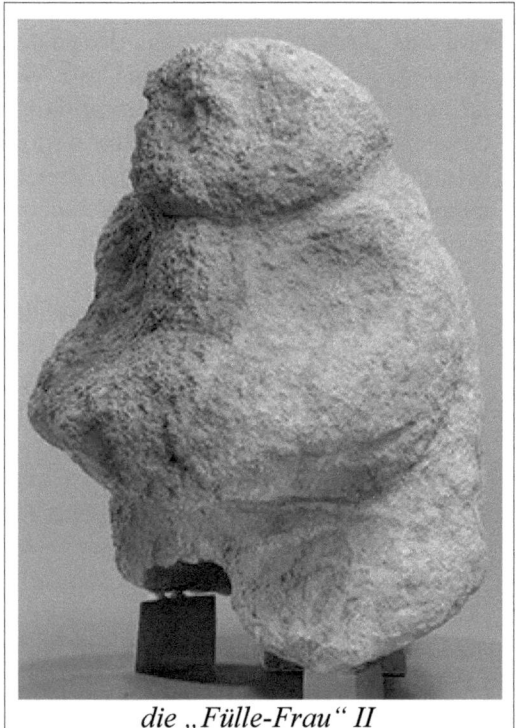

die „Fülle-Frau" II

Die Statuette ist so grob gearbeitet worden, daß sie nur unsicher zu deuten ist. Es ist am wahrscheinlichsten, daß sie eine Fülle-Frau darstellt, die ihre Hände auf ihre Brüste gelegt hat – so wie die vorige Statuette.

Ein wenig unklar ist die Bedeutung der Ausbeulung unter ihrem Kinn bzw. über ihren Händen. Trägt oder hält sie etwas? Von den anderen Göttinnen-Statuetten ist ansonsten nichts Derartiges bekannt.

Daher läßt sich diese Statuette vorerst nur als Fülle-Frau deuten.

Die Göttin von Göbekli Tepe ist eine Göttin der Fülle und eine Göttin des Stillens, des Wiederstillens (der Toten im Jenseits) und der Ernährung.

I 4. c) Das „Tempel-Bild"

das Tempel-Bild — *der Tempel (Pfeil: Lage des Bildes)*

Diese Gestalt ist eindeutig eine Frau. Bei ihr ist die Scham und somit die Fruchtbarkeit und das Gebären betont worden.

Sie hockt auf der Erde, was eine übliche Sitzhaltung gewesen sein wird.

Ihre Arme hält sie in der markanten „oben/unten"-Haltung, die vermutlich ein Hinweis auf das Diesseits und das Jenseits ist.

Die Kombination der Betonung der Scham und der Armhaltung könnte sie als „Mutter der Lebenden im Diesseits und Mutter der Toten im Jenseits" kennzeichnen.

Für diese Deutung spricht auch, daß die Steinplatte mit dieser Gravur in einem der neueren, rechteckigen Tempel von Göbekli Tepe zwischen zwei T-Pfeilern gefunden wurde, auf denen je ein Panther dargestellt worden ist – sie ist vermutlich auch die Panthergöttin.

Ihre Frisur erinnert an die Ω-artigen Frisuren der sumerischen und der ägyptischen Göttinnen, insbesondere der Inanna und der Hathor.

Die Göttin ist die „Mutter der Lebenden im Diesseits und Mutter der Toten im Jenseits". Sie ist auch die Göttin der Pantherkraft.

I 4. d)   Ein Relief-Bruchstück

Relief eines Menschen

Von diesem Relief sind leider nur ca. 2/3 erhalten geblieben. Es ist ein kniender Mensch zu sehen, der sich vorbeugt. Sein rechter Arm weist nach hinten und unten; sein linker Arm ist nicht zu sehen, was bedeutet, daß er entweder hinter dem Körper verborgen ist (was eine damals völlig unübliche Darstellungsweise wäre) oder nach vorne oder oben weist (sonst wäre er auf dem Bruchstück zu sehen).

Es sieht also so aus, als ob dieses Relief von der Armhaltung her zu den Darstellungen mit der „aleph-Armhaltung" (א) gehören würde (ein Arm unten, einer oben).

Aus der späten Altsteinzeit und aus Göbekli Tepe sind insgesamt zwölf Darstellungen einer solchen Arm-Haltung bekannt (siehe nächste Seite).

Manche dieser Armhaltungen in dieser Übersicht könnten jedoch auch eine einfache Ursache haben:

1. Spalte: Bei der Statuette von Galgenberg und bei der Gravur von Laussel 1 ist kein äußerer Grund für diese Armhaltung erkennbar und muß daher als symbolische Geste gedeutet werden. Die Armhaltungen der Frauen von Laussel 1 und Laussel 3 ergeben sich durch das Halten eines Hornes.

2. Spalte: Die Armhaltung der beiden Frauen von Releveuco und Mierlo könnten einen Tanz andeuten – aber das ist unsicher. Die Armhaltung der Frau von Göbekli Tepe 2 ist sicherlich symbolisch zu verstehen. Das Relief von Göbekli Tepe 2 entspricht ihr vermutlich.

3. Spalte: Bei der Hieroglyphe für „Mann" könnte die Armhaltung einfach „Tätigkeit" symbolisieren – diese Haltung könnte dem Relief von Göbekli Tepe 2 entsprechen. Die Darstellung der Inanna könnte auf einem Gruß beruhen, aber der Ausdruck der Armhaltung ist eigentlich ein anderer. Die Armhaltung von Atargatis könnte evtl. ein Grüßen sein. Isis hält eine Rassel und einen Krug, woraus sich diese Armhaltung ergibt.

Galgenberg
32.000 v.Chr.

Laussel 1
25.000 v.Chr.

Laussel 2
20.000 v.Chr.

Laussel 3
20.000 v.Chr.

Releveuco
17.000 v.Chr.

Göbekli Tepe 1
10.000 v.Chr.

Göbekli Tepe 2
10.000 v.Chr.

Mierlo
9.000 v.Chr.

Hieroglyphe für
„Mann"
3.250 v.Chr.

Inanna, Sumer
3.000 v.Chr.

Atargatis
2000 v.Chr.

Maria
1.000 n.Chr.

Recht sicher als symbolische Geste ist die Armhaltung somit bei **3** Abbildungen zu deuten: *Galgenberg, Laussel 2, Göbekli Tepe 1.*

Zu dieser Gruppe könnten auch noch **4** weitere Abbildungen gehören: *Releveuco, Göbekli Tepe 2, Mierlo, Inanna.*

Bei **2** Abbildungen kommt auch eine andere Deutung infrage, die jedoch nicht ausschließt, daß eine Assoziation zu der symbolischen Geste beabsichtigt gewesen ist: *Laussel 1, Laussel 3.*

Bei **3** Abbildungen ist es sehr unsicher, ob damit eine symbolische Geste gemeint ist: *Hieroglyphe für „Mann", Atargatis, Maria.*

Bei den **5** Darstellungen, die eindeutig oder wahrscheinlich sind, ist stets der rechte Arm unten und der linke oben: *Galgenberg, Laussel 2, Releveuco, Göbekli Tepe 1, Mierlo.* Evtl. gehört auch *Göbekli Tepe 2* zu dieser Gruppe – dann wären es 6 Darstellungen.

Bei den **6** Darstellungen, die möglicherweise einen Gruß oder eine Tätigkeit darstellen, ist hingegen der rechte Arm oben: *Laussel 1, Laussel 3, Inanna, Hieroglyphe für „Mann", Atargatis, Maria.*

Die Göttin hält auf fünf oder sechs Abbildungen ihre Arme in einer symbolischen Geste: den rechten Arm nach unten und den linken Arm nach oben. Dies entspricht vermutlich der zweifachen Darstellung der Göttin und wird ein Hinweis auf das Diesseits und das Jenseits, also auf Leib und Seele sein.

I 4. e)   Der „Totempfahl der zweifachen Göttin"

der Seelenvogel-Totempfahl

Dieser steinerne Totempfahl wird wie die anderen steinernen Totempfähle auf hölzerne Totempfähle in der späten Altsteinzeit zurückgehen – zum einen haben derart komplexe Gebilde immer eine längere Vorgeschichte und zum anderen sind sie als Ausdifferenzierung dieser Vogel-Stäbe erkennbar.

Oben auf diesem Totempfahl ist ein Vogel zu sehen – der Seelenvogel, der auch die Essenz des Vogelstabes und ebenso auch noch der meisten heutigen Totempfähle ist. Seiner Gestalt nach zu urteilen ist dieser Vogel ein Raubvogel.

Darunter ist ein nach rechts blickender Frauenkopf mit mehr als schulterlangem, glattem Haar zu sehen.

Links über ihm ist das Haar eines zweiten Frauenkopfes sowie ein kleiner Teil der Stirn dieses Kopfes zu sehen.

Beide Köpfe blicken in entgegengesetzte Richtung – wie die beiden Köpfe der Hathor an den Hathor-Säulen in den ägyptischen Tempeln. Zudem ist Hathor auch die Mutter des Horus, der das Urbild der Seelenvögel ist. Offenbar gibt es eine ungebrochene Tradition von diesem Totempfahl der zweifachen Göttin um ca. 9.000 v.Chr. bis zu den Hathor-Säulen ab 3.000 v.Chr.

Von dem Leib der beiden Frauen auf dem Totempfahl ist nicht mehr allzuviel zu erkennen – am deutlichsten sind der rechte Arm der rechten Frau und der linke Arm der linken Frau zu sehen, die sich kreuzen.

Weiterhin sind noch Reste von Brust und Leib zu sehen.

Ein weiteres Bruchstück dieses Totempfahls besteht aus zwei Vögeln, die sich anblicken. Ihre Zweizahl entspricht der Zweizahl der Frauen, d.h. der zweifachen Göttin.

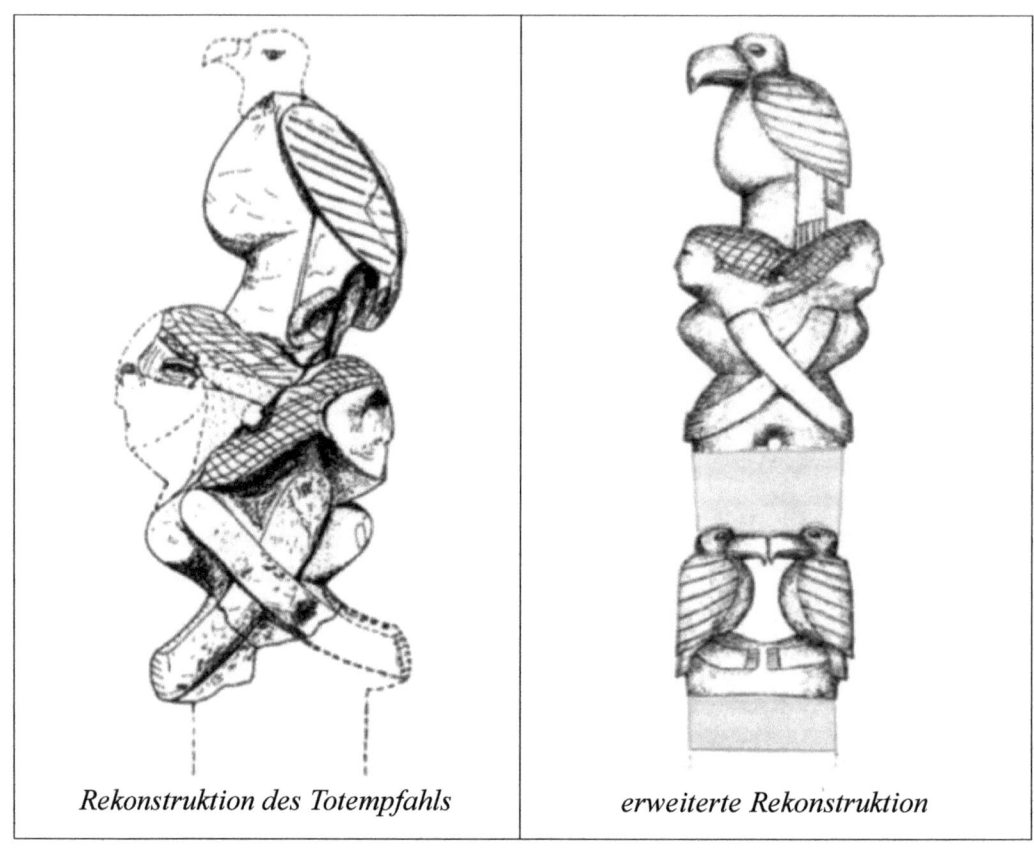

| *Rekonstruktion des Totempfahls* | *erweiterte Rekonstruktion* |

Die Totempfähle haben zur Zeit von Göbekli Tepe schon eine lange Tradition ge-habt. Aus dem Vogel-Stab als Symbol der Weiterexistenz der Seele (als Seelenvogel) nach dem Tod eines Menschen ist neben dem Totempfahl auch eine Art Schamanen-Abzeichen o.ä. geworden, aus dem dann sehr viel später der Seherstab und der Zauberstab entstanden ist.

Vogelstäbe

*Vogelstab von
Laussel
20.000 v.Chr.*

*Bruchstücke von Totempfählen mit Vogel
Nevali Cori, 8400 v.Chr.*

*Oberteile von Vogelstäben, die als Schamanen-Abzeichen o.ä. benutzt worden sind
Nemrik, 8500 v.Chr.*

Die zweifache Göttin wurde auch als Totempfahl dargestellt: die miteinander verbundenen Oberleiber von zwei Frauen, zu denen ein großer einzelner Seelenvogel oben auf dem Totempfahl sowie zwei kleinere Seelenvögel unten an dem Totempfahl gehören.

I 4. f) Die Seelenvogel-Göttin

Das Motiv „Frau mit Vogel" erscheint noch ein weiteres mal an einem Totempfahl:

| *rechte Seite* | *linke Seite* |

Die Frau trägt eine Pony-Frisur. Man kann den Ansatz zu dem längeren Haar neben der Wange noch so gerade erkennen. An den Augen sind sogar die Wimpern ange-deutet.

Der Leib des Vogels ist auf dem rechten Bild gut zu erkennen. Auf dem linken Bild kann man die drei Krallen seines rechten Beines über der rechten Braue der Frau sehen. Auf dem linken Bild ist auch der obere Ansatz des rechten Beines des Vogels zu erkennen.

Man kann davon ausgehen, daß dies dieselbe Göttin wie auf dem vorigen Totem-pfahl ist. Sie wird wie die späteren Göttinnen die „Mutter der Seelenvögel" sein.

In Göbekli Tepe wurden die Ahnen-Seelenvögel meistens als Kraniche dargestellt. Daß es sich um Menschen in Kranichgestalt und nicht einfach um Kraniche handelt, kann man an ihren Beingelenken erkennen: Die Kraniche haben keine Vogelbeine, sondern Menschenbeine – das Knie ist bei Mensch und Vogel in eine verschiedene Richtung gewinkelt.

| Kranich | Mensch | Kranichmann |

Die Göttin war die „Mutter der Seelenvögel" und wurde auf Totempfählen dargestellt.

I 4. g) Die Geiergöttin

die Geier-Göttin mit der Sonne

Wenn die Göttin die Große Mutter und somit das Wichtigste ist und zudem die Seelenvögel im Jenseits wiedergebiert, sollte sie selber die Gestalt des größten Vogels haben: ein Geierweibchen (die Mutter hat dieselbe Gestalt wie ihre Kinder). Als Geierweibchen erscheint sie auch noch in Ägypten u.a. unter dem Namen „Mut", d.h. „Mutter".

Der Sonnenaufgang ist vermutlich schon in der Altsteinzeit als die (Wieder-)Geburt der Sonne aufgefaßt worden. Dadurch wurde die Große Göttin auch zur Sonnenmutter. Da die Sonne über den Himmel „fliegt", war das Geierweibchen eine passende Gestalt für die Sonnenmutter.

Auf dem Kopfteil des links abgebildeten T-Pfeilers ist links unten die Geiergöttin mit der Sonne über einem ihrer beiden Flügel zu sehen. Das Geier-Küken rechts unten wird daher die wiedergeborene Sonne am Morgen sein.

Der Kranich rechts in der Mitte wird ein Seelenvogel im Jenseits sein. Dasselbe wird für den zweiten Vogel rechts neben ihm gelten, von dem nur der Kopf und der Hals dargestellt worden sind.

Oben sind drei Hütten mit einer Stein-Grundmauer und einem Kuppeldach zu sehen – dies könnten die Schwitzhütten-Tempel auf dem Göbekli Tepe sein. Rechts am Rand ist unter der rechten Hütte das „H"-Symbol zu sehen, das den Leib (das erste „I") und die Seele (das zweite „I") darstellt sowie die Verbindung zwischen beiden, die auch „Silberschnur" genannt wird (das „-"). Daneben findet sich auch noch das „gekippte H" („⊥"), das das Diesseits und das Jenseits symbolisiert, auf die die zweifache Göttin mit ihren beiden Armen hinweist (oben und unten). Die drei Hütten sind daher das Jenseits – was zu ihrer Deutung als Tempel paßt, da der Tempel ja das „Tor zwischen den Welten" ist.

Die drei Tiere über den drei Hütten (Kranich, Panther, junger Panther?) könnten ein Hinweis auf drei bestimmte Tempel sein oder auch ein Hinweis auf die Ahnen (Kranich) und die Kraft, die sie ihren Nachkommen senden (Panther).

Das Ornament-Band könnte die Jenseitsgrenze sein.

Die drei Tempel wären dann möglicherweise der Ort, an dem die Sonne des Nachts weilt (Unterwelt/Jenseits) und von dem sie am Morgen zurückkehrt. Evtl. ist schon damals die „3" nicht nur als „Plural", sondern auch als „Zyklus" aufgefaßt worden. Falls dies zutreffen sollte, könnten die drei Tempel auch die Bedeutung „Sonnentempel" gehabt haben – immerhin sind ja die Bilder in den damaligen Tempeln thematisch nach den Himmelsrichtungen hin ausgerichtet worden.

Die Geiergöttin-Symbolik findet sich auch 3.000 Jahre später in Çatal Höyük als wichtiges Motiv in den Tempeln:

Göbekli Tepe: Geier

Çatal Höyük: Geier-Mensch (Muttergöttin?)

Çatal Höyük: kopfloser Mensch und zwei Geier-menschen (Muttergöttin? links eine schwangere Geier-Frau?)

Çatal Höyük: (schwangerer?) Geier-Mensch und kopfloser Mensch

Çatal Höyük: je zwei Geier neben einem Kreissymbol (links) bzw. neben einem stilisierten Menschen (rechts) auf einem (hölzernen?) Turm

Çatal Höyük: Geier und kopflose Menschen im Tempel

Çatal Höyük: Geier-Menschen und kopflose Menschen im Tempel

Die Göttin wird auch als „Großer Geier" aufgefaßt. In dieser Gestalt ist sie die Mutter der Seelenvögel der Menschen und die Mutter der Sonne.

I 4. h)   Das Göttin-Symbol

Göttin-Symbol

Dieses Symbol befindet sich auf der Rückseite eines T-Pfeilers und somit symbolisch im Jenseits – die Vorderseite der Pfeiler ist symbolisch das Diesseits.

Dieses Symbol hat dieselbe Kopfform wie die Frau auf der Steinplatte. Es wäre daher gut denkbar, daß es sich bei dem Zeichen um eine stilisierte Darstellung dieser Frau handelt. Der mittlere senkrechte Strich wäre dann ihr Körper und die beiden Linien daneben ihre Arme.

Die Position auf dem T-Pfeiler legt nahe, dieses Symbol als ein „den Rücken stärken" aufzufassen – was exakt die Bedeutung von „Religion" ist: „Wieder-Anbindung", d.h. „Rückhalt".

Diese „füllige Göttin-Frisur", bei der die Haare sozusagen zur Seite hin aufgebauscht sind, findet sich in den Darstellungen der Altsteinzeit noch nicht. Sie ist hingegen ein typisches Merkmal der sumerischen Göttin Inanna und der ägyptischen Göttin Hathor. Diese Ω-Frisur findet sich als „Ω" selbst noch 11.000 Jahre später in dem Hügelgrab von Kivik in Südschweden, in das es über die Megalithkultur gelangt ist. Dort symbolisiert dieses „ Ω" das Jenseitstor und somit die Erdgöttin.

Auf der folgenden Seite sind mehrere Versionen dieses Symbols aus Göbekli Tepe aufgelistet, die als das Haar der Göttin, als Amulette und als Symbol erscheinen.

Dieses Symbol entspricht auch den T-Pfeilern in den Tempeln, die wie das Symbol aus einem senkrechten Strich (Leib) und einem waagerechten Strich oben auf diesem Strich (Kopf) bestehen. Bei dem Göttin-Symbol sind lediglich die Arme als zwei Einzelstriche hinzugefügt worden (bei den T-Pfeilern sind sie eingraviert worden) und die Kopfform ist der „Ω"-Frisur entsprechend verändert worden (rund statt eckig wie bei den T-Pfeilern), um das Symbol als Göttin

Göttin-Symbol

erkennbar zu machen.

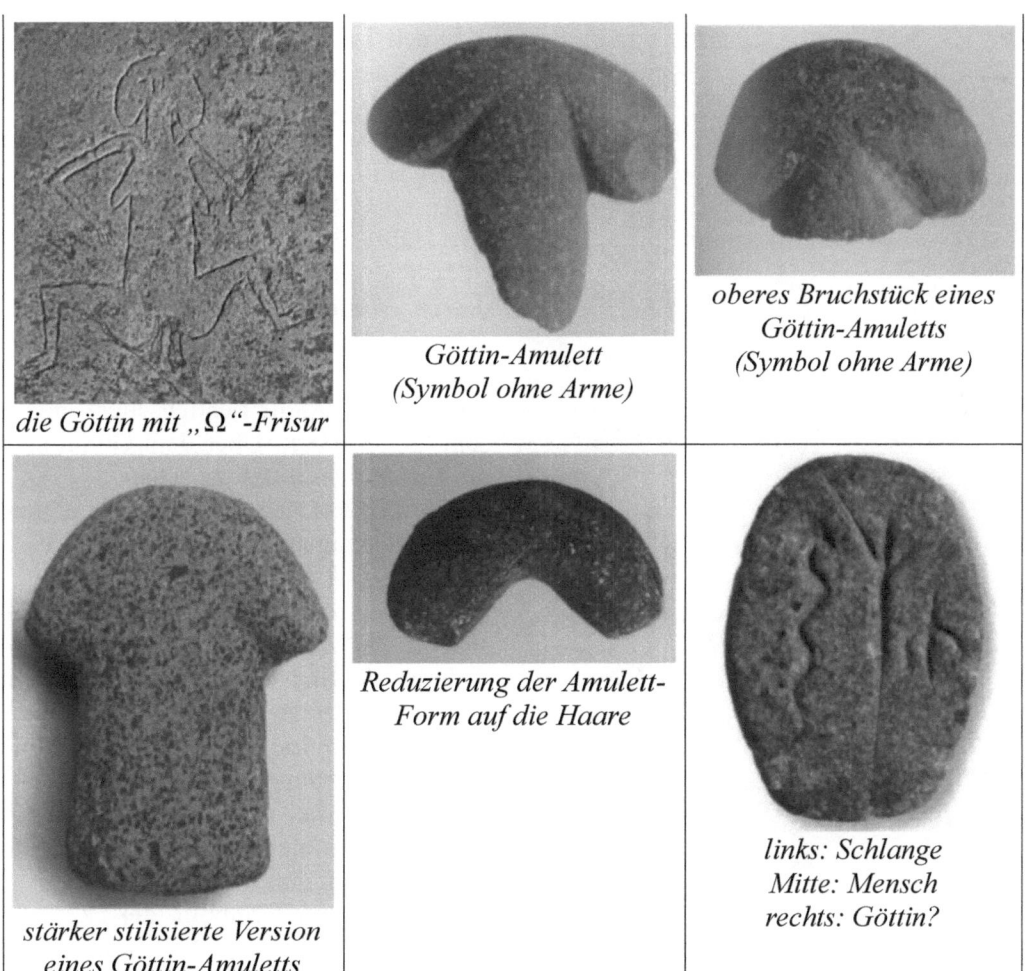

die Göttin mit „Ω"-Frisur

Göttin-Amulett
(Symbol ohne Arme)

oberes Bruchstück eines
Göttin-Amuletts
(Symbol ohne Arme)

stärker stilisierte Version
eines Göttin-Amuletts

Reduzierung der Amulett-
Form auf die Haare

links: Schlange
Mitte: Mensch
rechts: Göttin?

Die Göttin wurde als T-Pfeiler mit „Ω"-Frisur und Armen zu einem Symbol, das man in verschiedenen Form-Varianten als Amulett verwendet hat. Die „Ω"-Frisur der Göttin scheint damals ein wichtiges Merkmal der Göttin gewesen zu sein.

I 4. i)   Das Diesseits/Jenseits-Symbol

Teil eines Mittel-Pfeilers

H-Symbol

In den Tempeln von Göbekli Tepe finden sich recht häufig zwei Symbole: das „H" und das „⊤".

Auf dem links abgebildeten T-Pfeiler ist der Hüft- und Beinbereich eines Menschen eines Menschen zu sehen (die untere Hälfte des senkrechten Striches des „T"). Die Gestalt trägt einen Gürtel, an dessen Vorderseite sich ein „U", zwei „H" und drei „⊤" befinden. Das „U" ist wahrscheinlich einfach das Kopfteil des Fuchsfelles, das als Lendenschurz in diesem Gürtel hängt. Über dem Gürtel sind die Hände der Gestalt zu sehen.

Bei einigen Darstellungen des „⊤" und auch bei einigen seiner aufrechten Variante („H") ist erkennbar, daß sich dieses Symbol aus zwei „I" zusammensetzt, die sich in der Mitte begegnen. Dies wird dadurch deutlich, daß der Mittelbalken bei diesen Darstellungen nicht einfach durchgezogen ist, sondern in der Mitte zwei stark verdünnte Stellen aufweist. Es handelt sich bei dem H-Zeichen somit um das Zusammenwirken von zwei gleichen oder sehr ähnlichen Individuen.

Aufgrund der Symbolik der „2" kann man davon ausgehen, daß diese beiden senkrechten Striche der Leib und die Seele sind, die sich die Arme reichen. Das wird auch die Symbolik der beiden Mittelpfeiler in den Tempeln sein.

Die beiden schmalen Linien, aus denen der Querstrich des „H" besteht, könnten auch die „Silberschnur" sein, als die man manchmal hellsichtig die Verbindung zwischen Leib und Seele wahrnehmen kann. Sie sind hier möglichweise als die „Arme" des Leibes und die „Arme" der Seele aufgefaßt worden.

Das „⌶" stellt vermutlich oben und unten, d.h. Diesseits und Jenseits dar und somit auch die beiden Aspekte der zweifachen Göttin, ihre beiden Leiber, ihre beiden Köpfe, ihre beiden Gesichter, ihre beiden Arme (der rechte zeigt nach unten, der linke nach oben), ihre beiden Panther usw. Diese Symbolik entspricht auch dem Vogel-Stab und dem von ihm abgeleiteten Totempfahl: der Stab bzw. Pfahl ist der physische Leib – der Vogel auf dem Stab bzw. auf dem Pfahl ist die Seele.

Symbolisch gesehen ist der senkrechte Strich in dem „⌶" auch die Nabelschnur zu der Göttin, die in diesem Zusammenhang möglicherweise schon (wie später in Sumer und Ägypten) als Himmelsgöttin angesehen worden – dazu würde gut ihre Auffassung als Geiergöttin passen. Dieser senkrechte Strich wäre dann auch der Berg, der Weltenbaum und der Turm, die alle Himmel und Erde symbolisch miteinander verbinden. Der erste solche „Himmels-Turm" ist um 9.000 v.Chr. in Jericho errichtet worden.

Geier-Türme in Çatal Höyük

Geburt: Weg von innen nach außen; oder: Verbindung von Leib und Seele

Tod: Weg von außen nach innen; oder: Trennung von Leib und Seele

Diese beiden Symbole („H" und „⌶") haben sich im Laufe der Zeit auf verschiedene Weise weiterentwickelt. In Çatal Höyük sind sie zu zwei Pfeil-Paaren geworden, die vermutlich die Verbindung von Leib und Seele (Leben) bzw. deren Trennung (Tod) darstellen. Diese beiden Pfeil-Paare sind auf dem Rücken des Geier-Paares zu sehen, das den kopflosen, d.h. toten Leib eines Menschen von dem Turm abholen. Rechts holt ein zweites Geierpaar den Kopf dieses Menschen von der Spitze eines Turmes ab.

Vermutlich haben sich die Pfeilsymbole aus dem „H" heraus entwickelt. Zum einen ist das „H" das Symbol für „Leib und Seele" und zum anderen könnten die jeweils senkrechte Linie der beiden Dreiecke in einem Pfeil-Zeichen den beiden senkrechten Linien in dem „H" entsprechen. Der Querstrich in dem „H" wäre dann auch der Querstrich in dem „Lebens-Pfeilpaar". In dem „Todes-Pfeilpaar" ist dieser Querstrich gekippt und trennt daher Leib und Seele.

Menhir von Almendres

Das Abtrennen des Kopfes vom Leib, die auch schon von Göbekli Tepe bekannt ist, bezieht sich auf den Brauch, den Schädel des Toten im Wohnhaus als Kontaktstelle zu ihm aufzubewahren.

Auf einem Menhir in dem Steinkreis von Almendres in Portugal, der um 6.000 v.Chr. errichtet worden ist, findet sich ein Hantel-Symbol. Vermutlich sind die beiden Kugeln mit den beiden Linien des „H" aus Göbekli Tepe und mit den beiden Dreiecken aus Çatal Höyük identisch.

Die gebogene Verbindungslinie zwischen den beiden Kugeln der „Hantel" entspräche dann der Querlinie des „H" und der Linie zwischen den beiden Dreiecken in dem Pfeil-Symbol.

Dieses Hantel-Symbol findet sich dann 5.000 Jahre später um 1.000 v.Chr. in dem germanischen Hügelgrab von Kivik in Südschweden wieder und noch einmal 1.500 Jahre später um 500 n.Chr. auf den Goldamuletten der Germanen („Brakteaten").

zwei Männer mit Hantel-Symbol in einer Grube (vermutlich die Grabkammer des Hügelgrabes); Kivik, 1000 v.Chr.

Brakteat: Mann mit „Hantel" (links oben)

Brakteat: Mann mit stilisierter „Hantel" (links oben)

Das „H"-Symbol stellt Leib und Seele dar, das „⊤"-Symbol Diesseits und Jenseits.

I 4. j)   Der Schwitzhütten-Tempel

Schwitzhütten-Tempel von Göbekli Tepe ca. 9.500 v.Chr.

Tell Abr (Syrien), ca. 8500 v.Chr.

Die Schwitzhütte, der Schwitzhütten-Tempel von Göbekli Tepe, der Reisighügel über dem Grab, die Höhle mit Höhlenmalerien und später dann das Hügelgrab, die Pyramide, der Steinkreis und die Tempel allgemein stellen letztlich alle den Bauch der schwangeren Göttin dar, die die Mutter der Lebenden und der von ihr wiedergeborenen Totenseelen ist.

Alle diese Bauwerke sind Symbole der Geborgenheit und des Schutzes und vermutlich auch der Wärme und der Ernährung.

Das beiden deutlichsten Bilder der Schwitzhütten-Tempel stammen von einem Pfeiler aus einem der Tempel von Göbekli Tepe, auf dem drei von ihnen nebeneinander dargestellt worden sind, sowie von einem Stein aus Tel Abr, auf dem sogar das doppelte Kuppeldach dieser Tempel abgebildet ist.

Oben auf dem Tempel steht ein Mensch, links ist eine Schlange zu sehen und rechts ein stilisierter Tausendfüßler, der damals des öfteren dargestellt worden ist und anscheinend die Symbolik der Schlange (Ahnen, Kundalini) geteilt hat. Die Querlinie oben könnte den Himmel darstellen. Der abgebildete Mensch scheint sich also aus dem Tempel die Schlangenkraft zu erhoffen – diese Deutung ist jedoch nicht ganz sicher.

Der Schwitzhütten-Tempel ist der Bauch der schwangeren Muttergöttin. In ihr sind die Lebenden und die Toten geborgen.

I 4. k)   Die Panthergöttin

Tempeleingang, Göbekli Tepe
(Rekonstruktion)

Es gibt keine Darstellung einer Göttin mit Pantherkopf o.ä. aus Göbekli Tepe, aber es gibt so viele Hinweise auf den Zusammenhang zwischen der Göttin und den Panthern, daß man mit Sicherheit davon ausgehen kann, daß sie eine „Panthergöttin" ist.

Am Eingang des Ganges zum Tempel standen zwei Steinplatten hintereinander.
Die hintere war ein Steinplatte mit einem Loch, das groß genug war, daß ein Mensch hindurchkriechen konnte.
Die vordere Steinplatte war U-förmig und endete oben in zwei Panther-Statuetten. Da der Tempel der Bauch der Göttin war, sollten die beiden Panther die Tiere der Göttin sein.
Die Zweizahl der Panther ist ein weiterer Hinweis auf diesen Zusammenhang, da man die Göttin als als zweifache Göttin aufgefaßt hat.
Daß man auch einen der Panther als „Panther des Lebens" und einen als „Panther des Todes" angesehen hat, ist zwar denkbar, aber vollkommen ungewiß. Man könnte sich sogar den einen Panther als goldbraun und den anderen als schwarz vorstellen … und beide mit der Tages-Sonne und der Nacht-Sonne assoziieren. Das wäre zwar in sich logisch, aber es ist trotzdem vorerst das ist reine Spekulation.
Die Göttin ist vermutlich nicht die Panther selber, sondern die „Frau mit den Panthern", da einige Panther (siehe die Abbildung links) einen Penis haben.

Panther auf dem Mittelpfeiler

Göttin auf dem Panther-Thron
Çatal Höyük, 7.000 v.Chr.

In dem Tempel, in dem die Steinplatte mit der Göttin-Gravur gefunden worden ist, befand sich links und rechts von dieser Steinplatte je ein T-Pfeiler mit jeweils einem eingravierten Panther. Auch hier kann man wieder davon ausgehen, daß diese beiden Panther einen engen Bezug zu der Göttin haben.

Um 7.000 v.Chr. ist in Çatal Höyük die Göttin eindeutig mit ihren Panthern dargestellt worden. Sie sitzt auf einem Thron, dessen beide Armlehnen aus ihren beiden Panthern bestehen.

Diese beiden Panther sind in den späteren Religionen in historischer Zeit zu zwei Löwen geworden, da die Löwen an die Stelle der Panther getreten sind, nachdem die Feuchtsavanne durch die Trockenzeit, die um 6.000 v.Chr. begann, allmählich zur Steppe geworden ist.

In Ägypten finden sie sich als die beiden Ru-Löwen, die links und rechts von dem Sonnenaufgangs-Punkt sitzen – diese Stelle entspricht wie der Eingang zum Tempel von Göbekli Tepe genau dem Schoß der Göttin. Auch die Sphinx an dem Gang vom Taltempel zu der Pyramide in Gizeh ist eine Löwen-Frau und entspricht der Panther-Göttin. In der ägyptischen Panthergöttin Mafdet hat sich sogar noch das alte Panther-Motiv von Göbekli Tepe erhalten können.

Die beiden Löwen erscheinen in ganz Eurasien vor dem Eingang der Tempel. Die „Göttin mit den beiden Löwen" ist im gesamten Mittelmeerraum eine beliebtes Motiv gewesen und findet sich bei Artemis, bei Cybele, bei der kretischen Muttergöttin, als „Göttin mit zwei Katzen" bei der germanischen Freya usw.

Die Kraft des Panthers ist in der späten Altsteinzeit und in der frühen Jungsteinzeit deshalb von so großer Bedeutung gewesen, weil die Jäger ihre Beute genauso erfolgreich wie Panther erlegen wollten. Die Jagd ist damals die Hauptnahrungsquelle gewesen.

Aus diesem Zusammenhang ergibt sich, daß sich die Pantherkraft, die die Göttin den Menschen gibt, in den Darstellungen nur bei den Männern findet, die offenbar für den größten Teil der Jagd zuständig gewesen sind.

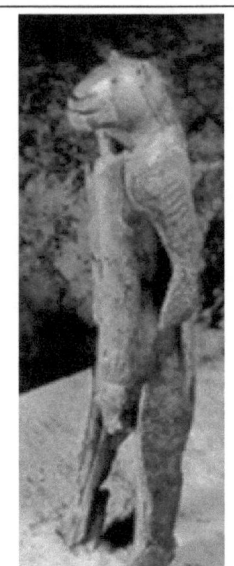

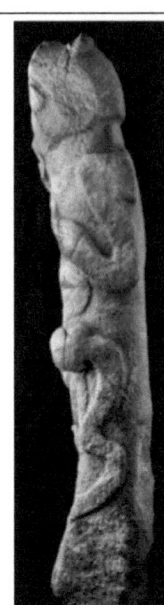

*Panthermann
(siehe Schwanz und
Armhaltung),
Deutschland*

*Panthermann
(langezogener
Kopf)
Demi-Rondelle,
Frankreich*

*Panthermann,
Hohenstein,
Deutschland*

*Mann mit
Pantherohren,
Göbekli Tepe*

*Mann mit Panther auf dem Rücken
Göbekli Tepe*

*Tänzer mit Panther-Fell
Çatal Höyük*

Das Motiv des Panther-Mannes findet sich in der späten Altsteinzeit (Deutschland, Demi-Rondelle, Hohenstein), in Göbekli Tepe (Mann mit Pantherohren, Mann mit Panther auf dem Rücken) und in Çatal Höyük (Panthertänzer). In späterer Zeit erscheint der Panther auch als das Tier des Pharaos.

Die Schamanen als die „Stärksten in der Magie" haben die Großraubtier-Symbolik von den Jägern, die die „Stärksten in der Jagd" waren, übernommen – hier finden sich als Varianten Panther, Leopard, Löwe, Tiger, Bär, Jaguar und Orca.

In noch späterer Zeit hat dann der König diese Symbolik übernommen.

Die Göttin ist eine Panthergöttin. Sie wird von zwei Panthern begleitet, hat vermutlich auch selber die Kraft eines Panthers und gibt den Jägern diese Panther-Kraft, damit sie erfolgreich jagen und sich und ihre Sippe ernähren können.

I 4. l) Die Schlangengöttin

Die Schlange ist in Göbekli Tepe ein wichtiges Symbol gewesen. Sie stellt die Ahnen in der Unterwelt dar, den Weg in die Unterwelt und zudem noch die Kraft, die aus der Erde von den Ahnen zu den Menschen aufsteigt, d.h. die Kundalini.

Die aufsteigende Schlange, die das innere Feuer repräsentiert, findet sich am deutlichsten an einem steinernen Kopf aus Nevali Cori dargestellt: Sie steigt hinten am Kopf zum Scheitel empor – so wie dies bei der Kundalini erlebt wird und so wie es u.a. auch im Yoga dargestellt wird.

An diesem Kopf ist auffälligerweise keinerlei Haar dargestellt worden. Da zum einen die Schamanen durch ihr Nahtod-Erlebnis in der Lage sind, Kontakt mit den Ahnen aufzunehmen, und zum anderen die Schamanen zu den Toten mithilfe von deren Totenschädeln Kontakt aufnahmen, lag es nahe, einen Schamanen durch das Abrasieren des Haupthaars zu kennzeichnen. Diese Kahlköpfigkeit der Schamanen und Priester findet sich bei den Schamanen und Priestern von vielen Völkern, die von den Erbauern der Tempel von Göbekli Tepe abstammen.

Der Steinkopf von Nevali Cori stellt also sehr wahrscheinlich einen Schamanen mit erwachter, d.h. aufgestiegener Kundalini dar.

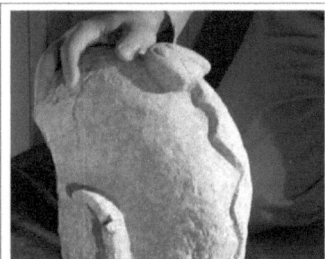

Schlangen-Kopf

Schlangen-Kopf

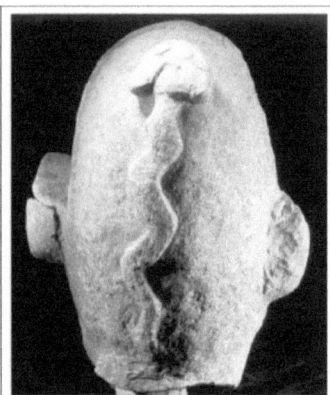

Schlangen-Kopf

Die aufsteigende Schlange findet sich auf vielen T-Pfeilern der Tempel von Göbekli Tepe – sie muß also eine wichtige Rolle gespielt haben.

Auf dem bereits dargestellten Panthermann-Totempfahl von Göbekli Tepe steigt links und rechts je eine Schlange auf.

Die aufgestiegene Kundalini ist auch ein wichtiges Element in den Darstellungen von Shiva und Buddha.

T-Pfeiler mit Schlange, Karahan

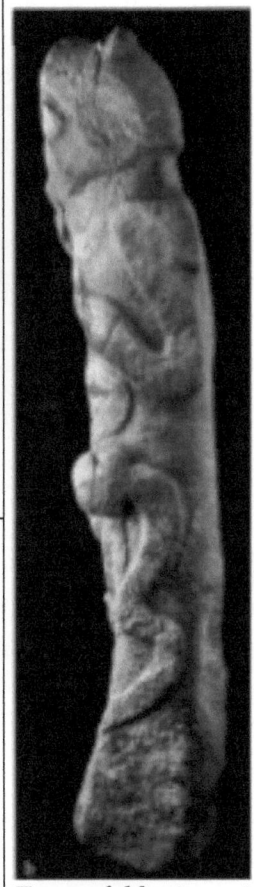

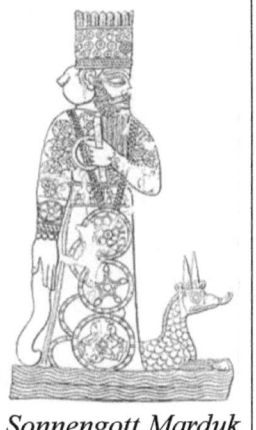

Sonnengott Marduk + Hörnerschlange, Babylon

Buddha mit Kundalini, Indien

T-Pfeiler mit Schlangen, Göbekli Tepe

Totempfahl mit zwei Schlangen (hier ist nur die linke sichtbar)

die beiden Schlangen des Heilgottes Nirgirzidda, Sumer

Römer-Altar mit zwei Schlangen, Mainz

aufsteigende Schlangen, Jerf el-Ahmar

Geier und Uräus (Kundalini) am Kopf des Pharaos

der Sonnengott Re mit Sonnenscheibe und Uräus-Schlange

Da die Göttin mit der Erde, mit der Schwitzhütte, mit den Ahnen und mit der Pantherkraft verbunden ist, wird sie auch mit der Schlange verbunden gewesen sein, die die Unterwelt unter der Erde, die Kundalini und die Ahnen dargestellt hat.

Diese Annahme wird dadurch bestätigt, daß bei den Nachkommen der Erbauer von Göbekli Tepe die Schlangengöttin ein weit verbreitetes Motiv ist, das in vielen Varianten vorkommt: die Kornschlange (und Erdschlange) Thermuthis und die schützende Schlange Uto bei den Ägyptern; die kretischen Priesterinnen, die zwei Schlangen in ihren Händen halten; die syrische Göttin Kadeshet, die auf einem Löwen steht und in jeder Hand eine Schlange hält; die Schlangenhaare der griechischen Gorgo; die Nagas der Inder usw.

Die Göttin ist sehr wahrscheinlich auch die Mutter der Ahnen-Schlangen gewesen und wurde zudem vermutlich auch als die Quelle der Schlangen-Kraft (Kundalini) angesehen.

I 4. m)   Der „Doppel-Mensch"

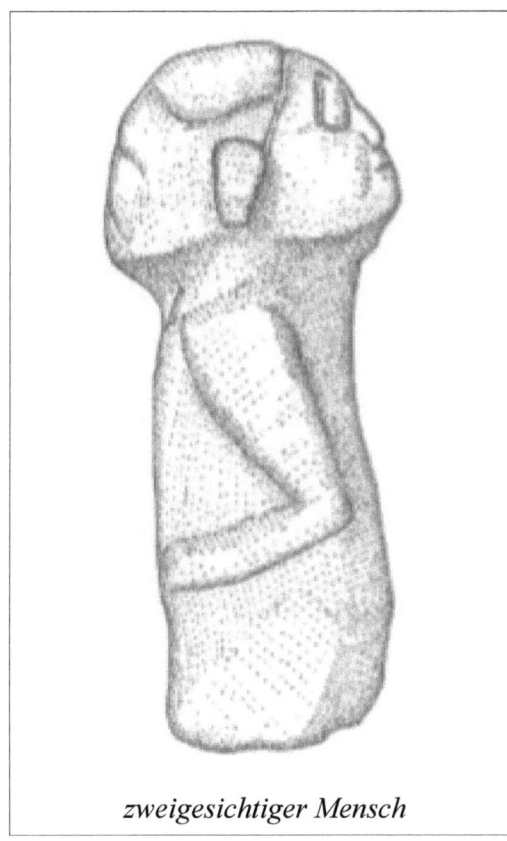

zweigesichtiger Mensch

Bei dieser 50cm hohen Gestalt ist nicht ganz sicher, ob es sich um einen Mann oder um eine Frau handelt. Das Fehlen von Brüsten spricht dafür, daß es wohl ein Mann und keine Frau ist – völlig sicher ist dies jedoch nicht, da der Leib abgesehen von den Armen kaum Konturen hat.

Rechts oben ist ein Gesicht zu sehen. Die Armhaltung zeigt jedoch, daß rechts oben der Hinterkopf sein müßte und links oben das Gesicht. Auch die Fläche unterhalb des linken Gesichtes ist wie ein Kinn geformt. Es handelt sich bei dieser Statuette also um eine zweigesichtige Gestalt und somit möglicherweise um eine Variante der zweifachen Göttin.

In späterer Zeit gibt es auch zweigesichtige Männer wie den ägyptischen Jenseitsfährmann in den Pyramidentexten und den römischen Schwellen-Gott Janus. Auch die beiden Gesichter dieser Schamanen bzw. Schamanen-Götter weisen darauf hin, daß sie sowohl in das Diesseits als auch in das Jenseits blicken können.

Man kann diese Statuette daher als eine der vielen Darstellungen der zweigesichtige Göttin oder als die erste Darstellung des zweigesichtigen Schamanen deuten – beides bestätigt zumindestens die grundlegende Bedeutung des Ergänzungs-Gegensatzes von Diesseits und Jenseits in der damaligen Zeit.

| *Vorderseite* | *Seitenansicht* | *Rückseite* |

Die Göttin ist eine zweifache Göttin – sie ist die Diesseits-Mutter und die Jenseits-Mutter.

Davon ist das Motiv des zweigesichtigen Schamanen abgeleitet worden, der ein „Wanderer in den beiden Welten" und ein „Mann der zweifachen Göttin" ist.

I 4. n)   Die Symbole von Göbekli Tepe

In diesem Kapitel werden nur einige der wichtigsten Symbole, die für das Verständnis der Mythologie der Göttin von Göbekli Tepe von Bedeutung sind, kurz dargestellt. Eine ausführliche Beschreibung der bekannten Symbole zu Beginn der Jungsteinzeit in Mesopotamien findet sich in meinem Buch „Göbekli Tepe".

„2"   Diesseits und Jenseits, Leben und Tod, Geburt und Wiedergeburt, zweifache Göttin

„3"   Plural, viele, Gemeinschaft, Zyklus, Sonnenlauf

„4"   Himmelsrichtungen, Orientierung, überall, rechter Winkel, die kubistischen T-Pfeiler

„8"   groß, vollständig, vollkommen, vollständige Gemeinschaft

„12"   ersetzt die „8" in der mittleren Jungsteinzeit in Mesopotamien (u.a. der zwölfteilige Tierkreis), findet sich auch in Göbekli Tepe als „große Anzahl" z.B. von Hütten

„36"   vermutlich „Dorf" als 36 ($3 \cdot 12 = 36$) Hütten

Bukranium (Rinderkopf, das Tierkreiszeichen-Symbol für „Stier")   vermutlich Fruchtbarkeit und Zeugungskraft, Stiermann und Kuhfrau

Caniden (Hund, Wolf, Schakal, Fuchs)   Jenseitsführer (insbesondere der Fuchs)

„C/ᴗ"-Symbol   Mondsichel, Außenmauer des Tempels, Göttin

Enten   Seelenvögel in der Wasserunterwelt

Feuer   seltsamerweise ist keine Feuer-Symbolik nachweisbar – evtl. Schlange = Feuerschlange (Kundalini, Inneres Feuer)

Fuchsmann   Mittelpfeiler-Mann mit Fuchsfell-Lendenschurz = vermutlich ein Schamane (Drei gekreuzte Fuchsfelle waren sowohl in Sumer als auch in Ägypten das Symbol für „Geburt": Der Schamane brachte die Seele vom Jenseits ins Diesseits und beim Tod wieder zurück ins Jenseits.)

Gefäß (aus Stein gefertigt und mit Gravuren versehen) Göttin, Schoß, Geburt, Wiedergeburt, Taufe; vermutlich auch für Milch/Honig oder Milch/Met als Ritual-Trank

„H"-Symbol Leib und Seele, die beiden Mittelpfeiler im Tempel

„⊤"-Symbol Diesseits (unten), Jenseits (oben) und die Verbindung dazwischen (Nabelschnur, Turm, Weltenbaum, Weltenberg wie Göbekli Tepe)

Herdentiere (Rinder, Wildschweine, Schafe, zeigen u.ä.) Fruchtbarkeit, Zeugungskraft

Kranich Seelenvogel in der Wasserunterwelt

linke Seite Osten, Sonnenaufgang, Geburt

„o"-Symbol Sonne und/oder Bauch der Göttin

Penis Zeugung, Wiederzeugung (der eigenen Seele im Jenseits – eine reine Männersymbolik …)

rechte Seite Westen, Sonnenuntergang, Jenseits, Tod

rot Blut, Leben

Skorpion Jenseits-Aspekt der Göttin (die spätere ägyptische Skorpiongöttin Selket), Verwandlung

Steinring Schoß der Göttin

„∩"-Symbol Hütte, Tempel

Wasser Unterwelt

I 4. o) Die Priester von Göbekli Tepe

Über die Priesterschaft von Göbekli Tepe läßt sich mehr sagen als es auf den ersten Blick den Anschein haben mag.

Aus den Funden von Göbekli Tepe und auch aus dem Umstand, daß überall auf der Erde der Schamanismus die älteste Religionsform ist, läßt sich schließen, daß die Priester von Göbekli Tepe Schamanen waren. Das wesentliche Merkmal eines Schamanen ist das Erlebnis eines Beinahe-Todes, bei dem er seinen eigenen Körper vorübergehend verläßt. Dieses Verlassen des eigenen Körpers und die damit verbundene Möglichkeit des Kontakts zu den Verstorbenen erlernt und übt der angehende Schamane dann zusammen mit erfahrenen Schamanen.

Auch wenn hier der Einfachheit von Schamane die Rede ist, so wird es genausogut auch Schamaninnen gegeben.

Aus der Ikonographie von Göbekli Tepe ergibt sich, daß die Schamanen einen Gürtel mit dem „H"-Symbol und dem „C"-Symbol getragen haben, an dem ein Fuchsfell als Lendenschurz befestigt war. Sie waren die „Fuchsmänner", die von dem Fuchs in das Jenseits geführt wurden.

Wahrscheinlich waren die Schamanen kahlköpfig, um ihre Verbundenheit mit den Ahnen auszudrücken, die vor allem als ihre Totenschädel in der damaligen Kultur präsent waren.

An einem Lederband um den Hals trugen sie vermutlich die Symbole „H", „C" und „o" (so wie dies an einigen Mittelpfeilern zu sehen ist). Das „H" wird die beiden Welten und ihre Verbindung, den Tempel sowie die beiden Zentralpfeiler im Tempel symbolisiert haben. Das „o" stand wahrscheinlich für den Tempel und für die Sonne. Das „C" wird die Große Mutter und der Tempel, der eine Verkörperung der Großen Mutter und evtl. auch des Mondes ist.

Das Lederband hatte aufgrund des Anhängers an ihm vor der Brust die Form eines „V". Das Lederband könnte aus zwei Lederstreifen zusammengesetzt gewesen sein, von denen dann möglicherweise der innere, obere Streifen mit der Unterseite nach außen zeigte und die Innenseite, d.h. die Seele und das Jenseits darstellte; der äußere, untere Lederstreifen müßte dann mit der Fellseite nach außen gezeigt und die Außenseite, d.h. den Körper und das Diesseits symbolisiert haben.

Auch die fast nur in Göbekli Tepe gefundenen Steinknöpfe könnten ein Bestandteil der Ritualkleidung der Schamanen gewesen sein. Falls dies zutrifft, können sie nicht nur mit einem Gürtel und einem Lendenschurz aus Fuchsfell bekleidet gewesen sein, sondern zusätzlich auch mit einem Fell über den Schultern oder einem aus Leder genähten Gewand, das durch Knöpfe zusammengehalten wurde.

Der Bau eines Tempels erforderte die Zusammenarbeit vieler einzelner Jägergruppen. Vermutlich werden die Schamanen dabei die Gesamtkoordination übernommen haben. Die Schamanen bildeten vermutlich schon sehr lange die einzige nichtfamili-äre Organisation der Jäger, da ein angehender Schamane auf eine Ausbildung bei einem erfahrenen Schamanen angewiesen war und es sicherlich nicht in jeder der ca. ein Dutzend Personen umfassenden altsteinzeitlichen Jägergemeinschaften einen Schamanen gegeben haben wird. Die bis dahin vermutlich eher losen Verbindungen zwischen den Schamanen werden sich durch die Organisation des Baus der Tempel von Göbekli Tepe sicherlich zu einem deutlich engeren Schamanenbund vereint ha-ben.

Wahrscheinlich wird auch das Entwerfen der Bilder auf den T-Pfeilern, U-Steinen, Lochsteinen und Totempfählen zu den Aufgaben der Schamanen gehört haben. Vermutlich werden auch die Ritzzeichnungen auf den Pfeilglättern und den Amuletten von den Schamanen geweiht worden sein.

I 4. p) Das Ritual von Göbekli Tepe

Aus den bisherigen Betrachtungen läßt sich ein ungefähres Bild des Rituals in den Schwitzhütten-Tempeln herleiten, das im Wesentlichen eine Weiterentwicklung der Schwitzhütten-Zeremonie sein wird. Aus der Größe der Tempel ergibt sich, daß diese Zeremonie ohne das „Schwitzen" abgehalten worden sein wird – ein so großer Raum läßt sich kaum durch glühende Steine erhitzen.

Neben diesem Schwitzhüttentempel-Ritual wird es auch andere Rituale wie Jagd-zauber, Fruchtbarkeitszauber, Heilungszauber u.ä. gegeben haben, die u.a. auch Tänze enthalten haben werden.

Es werden sicherlich auch nicht alle Rituale der Jäger von Göbekli Tepe auf ihrem „Tempelberg" durchgeführt worden sein und es wird möglicherweise auch verschie-dene Rituale gegeben haben, für die diese Tempel der zuständige Ort waren. Dies ergibt sich schon aus den vielfältigen Tätigkeitsbereichen der Schamanen.

Für das Tempel-Rituale selber lassen sich einige Bestandteile recht sicher rekonstru-ieren:

1. Das Festlegen des richtigen Zeitpunktes: Manche Rituale wie z.B. Heilungen oder Bestattungen finden dann statt, wenn sie aus den äußeren Umständen heraus anstehen. Der richtige Zeitpunkte für andere Rituale muß hingegen auf abstraktere Weise bestimmt werden wie z.B. die Sommersonnenwende für das Zeugungsfest. Auch die vermuteten neun Monate nach der Bestattung mußten gezählt werden, um die Zweitbestattung, bei der der Schädel des Verstorbenen entnommen und evtl. über ihm das Gesicht des Verstorbenen mit Lehm geformt wurde, zum richtigen Zeitpunkt durchführen zu können.

Diese Übersicht über die Ritualtermine wird recht sicher zu den Aufgaben des Schamanen gehört haben.

In den Tempeln von Göbekli Tepe gab es einige Steine, die aus der inneren Tempelmauer in den Tempel selber hineinragten. Vermutlich dienten sie als Stellplatz für die kleinen Öllämpchen, von denen man einige gefunden hat. Daraus kann man schließen, daß es bei den Ritualen manchmal dunkel gewesen ist. Dies kann entweder daran liegen, daß die Tempel überdacht gewesen sind oder daran, daß es Nacht war – oder beides.

Die Ausrichtung der Tempeleingänge und der Mittelpfeiler nach Süden hin läßt die Sonne als wichtig und daher die Mittagszeit, wenn die Sonne im Süden steht, als die passende Ritualzeit erscheinen.

Möglicherweise war auch zwischen den einzelnen Jägersippen eine Koordination darüber notwendig, wann wer welchen Tempel benutzte – es hat auf jeden Fall nicht so viele Tempel gegeben, daß alle ihre Erbauern gleichzeitig in ihnen Platz gefunden hätten.

Nebenher ergibt sich aus diesem letzten Umstand, daß die T-Pfeiler nicht fest mit einem bestimmten Ahnen verbunden waren, sondern eher „Gefäße" darstellten, in die jede Sippe beim ihre Ahnen „hineinrief". Lediglich die Mittelpfeiler als Urahn und Urschamane werden für alle gleich und daher konstant gewesen sein.

2. Der Weg zu den Tempeln: Da die Jäger nicht auf dem Göbekli Tepe wohnten, mußten sie, um dort ein Ritual durchführen zu können, dort hingehen. Es ist denkbar, daß man gemeinsam von der Siedlung der Jäger zu den Tempeln aufbrach. Es kann aber auch sein, daß man sich erst in der Nähe der Tempel traf.

Vielleicht gab es bestimmte Bräuche, die mit diesem Weg verbunden waren, vielleicht hatte dieser „Kirchgang" aber auch nur eine besondere Stimmung.

3. Omen: Vielleicht wertete man es als ein gutes Omen, wenn man auf dem Weg zum Göbekli Tepe einen Geier über diesem Berg kreisen sah – dann war die Große Mutter offensichtlich mit ihrer Aufmerksam bei den Jägern, die zum Göbekli Tepe gingen.

4. Die Wächter: Da die verschiedenen Jägersippen ein gutes Stück von den Tempeln entfernt wohnten und daher möglicherweise manchmal für längere Zeit nicht dorthin kamen, ist es denkbar, daß auf dem Göbekli Tepe einige Jäger blieben, um ihn zu bewachen. Vielleicht wohnten sie in den wenigen Hütten, die sich am Rand der Tempelanlage fanden.

Falls es diese Wächter tatsächlich gegeben haben sollte, werden die Jäger, wenn sie zu einem Ritual nach Göbekli Tepe kamen, wohl von diesen Wächtern begrüßt worden sein.

Vielleicht waren diese Wächter auch dafür zuständig, die Tempel zu reinigen, lose Steine in den Mauern wieder zu befestigen u.ä.

5. Die Kleidung der Schamanen: Wahrscheinlich werden die Schamanen ihre „Arbeitskleidung" nicht ständig getragen, sondern sie erst vor dem Ritual angelegt haben: den Ritualgürtel, das Fuchsfell und evtl. ein Obergewand mit Knöpfen. Vielleicht nahmen sie auch zu diesem Zeitpunkt einen Vogelstab als Zeichen, daß sie mit ihrem Seelenvogel ihren Körper verlassen konnten, in die Hand.

6. Das Betreten des Tempels: Aufgrund der Lochsteine und der U-Steine ist sicher, daß das Betreten des Tempels etwas Besonderes gewesen ist. Vermutlich kehrte man symbolisch in den Bauch der Großen Mutter zurück oder man trat zumindest in den symbolischen Bereich des Jenseits ein, in dem die Große Mutter die Toten wiedergebar.

Die beiden Panther auf den U-Steinen werden sowohl Wächter als auch Hinweise auf die Kraft der Großen Mutter gewesen sein, die in den Ritualen den Jägern diese Kraft sandte.

7. Die Versammlung im Tempel: Die Sitzbänke, die rings um den Tempelinnenraum angebracht worden sind, lassen vermuten, daß sich die Jäger dort niederließen. Der Kreis, den sie dadurch bildeten, wird eine lange Tradition haben, denn auch in den Schwitzhütten, die es damals vermutlich schon seit 600.000 Jahren gegeben haben wird, sitzt man im Kreis. Ebenso ergibt sich aus dem Wärmen an einem Lagerfeuer oder aus dem Essen des Fleisches, daß auf einem Lagerfeuer gebraten wurde, eine kreisförmige Versammlung.

Man wird daher davon ausgehen können, das das Niedersetzen im Kreis ein Ausdruck für die Herstellung des Bandes der Gemeinschaft gewesen ist. Ob es dabei ein besonderes Verhalten gegeben hat wie z.B. das Händereichen zu den beiden Menschen, die neben einem sitzen, läßt sich natürlich nicht mehr feststellen, aber es wäre zumindestens gut denkbar.

8. Bekleiden der T-Pfeiler: Die Löcher an den T-Pfeilern zeigen, daß man manchmal Dinge an diesen Pfeilern befestigt hat. Die Größe der Löcher legt nahe, daß man Lederbänder durch sie zog, um etwas mit diesen Bändern festzubinden. Die Anordnung mancher Bänder eignet sich besonders für das Befestigen von Fellen. Für diese Felle kommen zunächst einmal die Felle der Tiere, die auch auf den T-Pfeilern von Göbekli Tepe abgebildet worden sind, infrage. Für die Schamanen-T-Pfeiler wäre ein Fuchsfell naheliegend, für den Urahn-T-Pfeiler ein Stierfell und als Symbol für die von der Großen Mutter und den Ahnen ersehnte Pantherkraft ein Pantherfell.

9. Die Schädel der Ahnen: Auf einigen Abbildungen wie z.B. auf dem Totempfahl von Göbekli Tepe hält ein Mensch mit beiden Händen einen Schädel. Dies kann man wohl zweifelsfrei als Kontaktaufnahme zu dem Ahn, dem dieser Kopf gehört hat, auffassen. Daher erscheint es recht wahrscheinlich, daß diese Szene auch in den Ritualen vorkam. Dabei wird sich vermutlich der Schamane bzw. einer der Nachkommen des angerufenen Ahnen auf den Boden gehockt haben, seine Hände auf den Schädel vor sich gelegt und dann „via Schädel" dem betreffenden Ahnen seine Fragen und Bitten mitgeteilt haben.

Das Legen des Schädels auf den Tempelboden wird sich daraus ergeben haben, daß die Ahnen, die man über diesen Schädel rufen wollte, sich im Jenseits unter der Erde befanden.

In diesem Zusammenhang sind möglicherweise auch die steinernen Köpfe, die in Göbekli Tepe gefunden wurden, verwendet worden.

10. Gesang: Es ist auch denkbar, daß es allgemeinere Formen der Bitte um den Segen der Ahnen gegeben hat wie z.B. gemeinsames Singen. Solch ein Brauch hinterläßt natürlich keinerlei archäologische Spuren, aber die weltweite Verbreitung von rituellen Gesängen macht solch ein Element doch recht wahrscheinlich.

Wenn es Lieder gegeben haben sollte, werden die Jäger sicherlich auch ein etwas umfangreicheres Repertoire für verschiedene Gelegenheiten besessen haben.

Die älteste Form des Gesanges scheint aufgrund ihrer Einfachheit die Pentatonik gewesen zu sein. Es läßt sich natürlich nicht mehr herausfinden, ob die Jäger von Göbekli Tepe pentatonisch gesungen haben, aber wenn man sich dort in den Tempeln Gesang vorstellen möchte, dann wäre die Pentatonik vermutlich die bestmögliche Annäherung an das, was dort wirklich gesungen wurde.

Die Pentatonik ist die Tonleiter, die auch Kinder unabhängig von der Kultur, in der sie aufwachsen, zunächst einmal benutzen und sie dann allmählich zu der in ihrer Kultur üblichen Tonleiter ergänzen. Dies liegt daran, daß die Pentatonik aus den einfachsten und daher am leichtesten erfaßbaren Intervallen besteht.

11. Tanz: Der Tanz ist ein weltweit verbreitetes Mittel der Schamanen, um sich in Ekstase zu versetzten. Diese Methode leitet sich wahrscheinlich von den Jagdzaubern ab, in denen man sich mit einem Tier identifiziert, indem man dessen Bewegungen und Laute nachahmt. In der Regel wird dieses Tier das Großraubtier gewesen sein, dessen Kraft und Jagderfolg man sich auf diese Weise herbeirief.

Solche Panther-Identifikations-Tänze erscheinen auch für die Schamanen und Jäger von Göbekli Tepe recht wahrscheinlich, wenn man bedenkt, daß der Panther das Symbol für das war, was sie sich die Menschen von ihren Ahnen erhofften. Dieser Tanz wird sehr wahrscheinlich die Ahnen mit einbezogen haben.

Ein Kennzeichen dieser Jagdzauber-Tänze ist daher das Fell des Großraubtieres, das sich bei Schamanen in aller Welt als ihr Kennzeichen findet. Der Schamane als der „starke Magier" hat dieses Symbol von dem „starken Jäger" übernommen.

Der Raum in den Tempeln, die einen inneren Durchmesser von 6m bis 12m haben, würde für einen Ekstasetanz des Schamanen oder einen eher ruhigen Kreistanz von allen Anwesenden durchaus gereicht haben. Ein Ekstasetanz der gesamten Gruppe erscheint jedoch eher unwahrscheinlich – schließlich stehen auch noch die beiden Mittelpfeiler im Zentrum des Tempels.

Yosef Garfinkel hat eingehend alle Menschendarstellungen aus der Jungsteinzeit in Mesopotamien untersucht und hat einige Kennzeichen des Tanzes in dieser Zeit herausgefunden:

- Man tanzte vor allem im Kreis und seltener auch in Reihen. Dabei bewegte man sich fast immer gegen den Uhrzeigersinn, was bedeuten würde, daß man, da man bei den Tänzen zur Kreismitte blickt, nach links und folglich in die Vergangenheit und zu den Ursprüngen hin bewegt – dies entspricht der Bezogenheit auf die Große Mutter und die Ahnen und generell der Religion, die ein Wieder-Anbinden an einen Urgrund darstellt.

- Die Bewegungen und die Kleidung (oder Nacktheit) ist bei den Tänzern bzw. Tänzerinnen auf fast allen Abbildungen einheitlich dargestellt worden.

- Männer und Frauen scheinen fast immer getrennt zu tanzen.

- Man tanzte anscheinend vor allem im Freien, wobei in der Nähe der Tänzer-Darstellungen oft ein Gebäude oder ein (Welten-)Baum zu sehen ist.

- In einigen wenigen Fällen wurden auch Masken benutzt. Die Verwendung von speziellen Masken oder Kleidungsstücken wie z.B. dem Fuchsfell oder einer Pantherkopf-Maske (Totempfahl) ist auch in Göbekli Tepe gut denkbar.

Die hier beschriebene Form des Tanzes sind Gruppentänze, die eher meditativ als ekstatisch zu sein scheinen. Sie werden daher eher die Verbindung miteinander oder auch das Herbeirufen der Ahnen dargestellt haben und weniger die „Panther-Ekstase". Die Bilder, aus denen sich diese Charakterisierung der Tänze ergab, stammen zum größten Teil aus der mittleren und späten Phase der Jungsteinzeit, in denen der Ackerbau und die Viehzucht schon an die Stelle der Jagd getreten war. Daher haben diese Tänze eher die Grundstimmung des ruhigen, beschützten Gedeihens der Äcker als der wilden Jagd.

Es ist natürlich trotzdem gut möglich, daß es in Göbekli Tepe auch ruhige Tänze gegeben haben wird – aber sicherlich nicht ausschließlich.

12. Versenkung: Die zweite Jenseitsreise-Methode der Schamanen neben der Tanz-

Ekstase beruht auf der Nachahmung des Todes und besteht folglich aus einem Still-Dasitzen, was heute als Meditation bekannt ist. Bei dieser Methode verwenden die Schamane so gut wie immer die Symbolik der Bestattung, d.h. sie hüllen sich in das Fell eines Herdentieres, in das auch die Toten gehüllt werden, um sie mit der Zeugungskraft dieser Tiere zu verbinden.

Aus dieser Symbolik stammt das Bild des Ahns als Gehörnter, das sich aufgrund der Nachahmung der Bestattung durch die Schamanen bei ihrer Jenseitsreise auch auf die Schamanen übertragen hat. Da das Bild des gehörnten Mannes auch schon aus der Altsteinzeit bekannt ist, wird es vermutlich auch den Menschen in Göbekli Tepe geläufig gewesen sein.

Es ist denkbar, daß der mehrfach dargestellte hockende Mann, der vor sich einen Schädel hält, ein meditierender Schamane ist.

13. Ritualtrank: Die Steingefäße, die vor allem in Körtik Tepe reich mit Szenen verziert worden sind, die auf die Rituale hinweisen, machen es recht wahrscheinlich, daß auch in Göbekli Tepe im Ritual ein „magischer Trank" (Wasser, Honig?) aus solchen Steingefäße getrunken wurde. Er wird wahrscheinlich die „Milch der Großen Mutter" dargestellt haben.

14. Die Jenseitsreise: Die Reise des Schamanen in das Jenseits wird vermutlich das Kernstück der Rituale gewesen sein, da dies zum einen die wesentliche Aufgabe der Schamanen ist und zum anderen die Tempel von Göbekli Tepe ganz auf die Ahnen ausgerichtet gewesen zu sein scheinen.

Aus diesen Ahnen und insbesondere aus dem Urahn und der Sonne wurden erst im Verlauf der Jungsteinzeit allgemeine Urbilder, also Gottheiten.

Ob die Schamanen ihre Reise ins Jenseits alleine unternahmen oder ob sie die Anwesenden in irgendeiner Weise dabei „mitnahmen", läßt sich kaum noch sagen. In den schriftlichen Überlieferungen über den Schamanismus reist der Schamane immer alleine, aber hat dabei Rückhalt in dem Kreis der Menschen, für die er reist. Daher scheint dieses Szenario auch für die Rituale in Göbekli Tepe am wahrscheinlichsten. Es kommt allerdings in den heutigen schamanischen Traditionen immer wieder einmal vor, daß auch einer der Teilnehmer, der selber kein Schamane ist, bei der Jenseitsreise des Schamanen spontan in Trance fällt.

Vermutlich wird das Szenario auch damals auf dem Göbekli Tepe genauso wie im heutigen Schamanismus ausgesehen haben, da man in der Regel nicht ohne längere Vorbereitung seinen Körper verlassen kann. Die Ausnahme von dieser Regel ist es, daß es auch Menschen gibt, die solch eine Astralreise oder den Kontakt mit einem Ahn spontan erleben können – dies wird es damals genauso wie heute gegeben haben. Ein deutlich weniger dramatisches Erlebnis bei einem schamanischen Ritual ist der spontane Kontakt zu einem Verstorbenen. Wie solch eine spontane „Verwandlung" in einen Verstorbenen aussehen kann und sich anfühlt, kann man heutzutage am einfachsten bei einer Familienaufstellung erleben.

15. Die T-Pfeiler: In den Ritualen wird sicherlich auf die Wesen, die von den T-Pfeilern verkörpert wurden, also den Ur-Ahn, den Ur-Schamanen und die Ahnen allgemein, durch Worte und evtl. auch Handlungen und Lieder Bezug genommen worden sein.

16. Die Tiere auf den T-Pfeilern: Dasselbe wie für die T-Pfeiler gilt auch für die auf den T-Pfeilern abgebildeten Tiere, da man durch diese Rituale die Kraft des Panthers, die Begleitung des Fuchses, die Fruchtbarkeit und Zeugungskraft des Keilers und des Stieres usw. herbeirief.

Die Bezüge zu anderen Tieren werden spezieller gewesen sein wie z.B. zu den Ahnen-Seelenvögeln oder zu den Schlangen, Skorpionen, Spinnen und Tausendfüßlern als den Symbolen des Jenseitsweges.

17. Die Opferlöcher im Boden der Tempel: Die Mulden in dem Terrazzoboden der Tempel sind sicherlich kein Versehen der Erbauer von Göbekli Tepe gewesen, sondern waren für einen besonderen Zweck gedacht. Eine Mulde lädt dazu ein, etwas in sie hineinzulegen oder zu hineinzugießen. Nun könnte man ja eine wertvolle Gabe, die man im Tempel opfert, eigentlich auch auf eine Erhöhung legen, um sie zu präsentieren und vor versehentlicher Beschädigung zu schützen. Wenn die damaligen Jäger jedoch die Mulde im Boden des Tempels als passend empfanden, wird dies wohl daran liegen, daß sie die Dinge in der Mulde „nach unten" in die Unterwelt senden wollten.

Vielleicht sprach man auch durch diese Mulde nach unten hin mit den Ahnen.

18. Das Opfertier: Die Opferung von Tieren ist in so gut wie allen Kulturen verbreitet. Die Wurzel dieses Brauches ist recht sicher zum einen das Senden von Speisen in das Jenseits zu den Ahnen, wofür diese Speisen, aber auch die den Ahnen gespendeten Alltagsgegenstände natürlich ebenfalls „tot" sein mußten, und zum anderen die Identifizierung des Toten bei der Bestattung mit einem Herdentier.

Man kann daher vermuten, daß zumindestens in den Bestattungsritualen auch in Göbekli Tepe ein Herdentier geopfert worden ist – vermutlich durch den Schamanen. Es ist auch gut denkbar, daß auch der Schamane bei wichtigen Jenseitsreisen ein Tier opferte. Aus historischer Zeit ist bekannt, daß z.B. die Druiden einen Stier opferten und häuteten, sich in das Stierfell hüllten und dann als „Stier-Mann" in das Jenseits reisten. Einen ganz ähnlichen Brauch hatten auch die Germanen, die diese Methode „uti-seta" („Draußensitzen") nannten. Auch die ägyptischen Schamanen („Sem-Priester") hüllten sich auf ihrer Jenseitsreise in ein Fell ein.

Das Fell, auf dem der Jenseitsreisende sitzt, findet sich auch in den Mysterienkulten, in denen z.B. Mithras dafür einen Stier opfert oder in denen Demeter bzw. der Einzuweihende in Eleusis auf einem dreibeinigen Schemel saß, auf dem ein Ziegenfell lag.

Das Blut der Opfertiere könnte wie in historischer Zeit auch als Quelle von Lebenskraft für das Ritual angesehen worden sein – was bei einem von der Jagd lebenden Volk ausgesprochen wahrscheinlich ist.

19. Der Sitzplatz des Schamanen: Bei den nostratischen Völkern scheint es allgemein unter dem „Jenseitsreise-Fell" ein „Jenseitsreise-Podest" gegeben zu haben. Die Druiden benutzten dafür ein Geflecht aus Ebereschenzweigen, die Mysten in Eleusis einen dreibeinigen Schemel, der Sem-Priester in Ägypten einem flachen „Tisch" und die Schamanen von Harappa in Indien ein flaches Podest. Am bekanntesten ist dieses „magische Möbelstück" sicherlich von den Göttern in Indien, die stets auf einem Podest in der Form einer Lotusblüte sitzen.

Das Herdentier-Fell als Hilfsmittel auf der Jenseitsreise wird den damaligen Schamanen recht sicher bekannt gewesen sein. Auch die Hörner auf dem Kopf sind sowohl aus der Altsteinzeit als auch aus historischer Zeit (Pan, Faunus, Cernunnos u.a.) gut bekannt und werden daher auch zu den Vorstellungen der Schamanen von Göbekli Tepe gehört haben.

Ob es auch ein „Jenseitsreise-Podest" gegeben hat, ist zunächst einmal fraglich, da sich bisher kein deutlich als ein solches Podest erkennbarer Sitzplatz gefunden hat. Vielleicht ist das „Jenseitsreise-Podest" aber auch ganz einfach aus der innen um den Tempel laufenden Bank heraus entstanden. Diese Bank war schließlich auch der Vorläufer des Thrones der Muttergöttin, wie man in dem Panthertempel sehen kann.

Leider sind in den schriftlichen Überlieferungen keine Erklärungen über diese Jenseitsreise-Podeste zu finden, sodaß man nur aus den Darstellungen selber Rückschlüsse ziehen kann. Die Dreizahl der Beine des Hockers der Griechen, die Löwenfüße an dem „Tisch" des ägyptischen Sem und die Ebereschenzweige der keltischen Druiden deuten auf das Jenseits („3"), die Sonne („3" = Triskelis), die Große Mutter (Löwen; „3" = Triskelis) und den Weltenbaum (Eberesche) hin. Vermutlich sind diese Bedeutungen aber erst sekundär dem „Jenseitsreise-Podest" beigefügt worden und seine ursprüngliche Bedeutung war einfach „Ort im Tempel, auf dem man ins Jenseits reist" – also die innen in den T-Pfeiler-Tempeln umlaufende Bank. Vielleicht ist dieses Podest auch ganz einfach das Hügelgrab gewesen, auf das man sich gesetzt hat, wenn man mit den Ahnen sprechen wollte – über diesen Brauch wird in späterer Zeit häufig berichtet.

20. Die Gesten des Schamanen: Darüber ist naturgemäß nur wenig bekannt, aber man kann zumindestens annehmen, daß die Schamanen die Arm-Geste benutzt haben werden, die bei der Göttin seit der späten Altsteinzeit dargestellt worden ist: Das Erheben des linken Armes zum Himmels-Jenseits und das Senken des rechten Armes zum Erd-Diesseits, wodurch beides miteinander verbunden wurde und der Kontakt zu der Göttin und den Ahnen hergestellt wurde.

21. Die Sonne: Vermutlich wird es auch Bezüge des Rituals zur Sonne gegeben haben. Sie könnte direkt angesprochen worden sein – immerhin sind die Tempel nach Süden hin ausgerichtet, wo die Sonne am Mittag am höchsten steht. Dies würde bedeuten, daß die Rituale mit einem wichtigen Bezug zur Sonne vermutlich mittags stattfanden.

Auch die Steingefäße von Körtik Tepe zeigen eine ausgeprägte Sonnensymbolik, sodaß man vermuten kann, daß der Trank in dem Steingefäß mit der Sonne assoziiert worden ist. Vielleicht identifizierte man sich durch das Trinken aus dem Steingefäß mit der Sonne. Falls dies zutreffen sollte, müßte diesem rituellen Trinken eine Identifizierung des Trankes mit der Sonne vorausgegangen sein. Die Ähnlichkeit mit der Herstellung des indischen Soma oder der Weihung des Weines in der christlichen Eucharistie wäre dann so groß, daß man von einer Kontinuität von Göbekli Tepe bis zu den Indogermanen und der christlichen Tradition ausgehen müßte.

Dies ist aber vorerst nur eine Hypothese, auch wenn sie die Sonnen-Symbolik gut erklären würde.

22. Der Zeitpunkt am Tag: Die Rituale mit Sonnenbezug werden mittags stattgefunden haben. Für Rituale, für die das Gleichnis zwischen Sonnenaufgang und Wiedergeburt wichtig gewesen ist, wäre der Morgen der passende Zeitpunkt. Bestattungen könnten am Abend durchgeführt worden sein und den Kontakt mit den Ahnen könnte man in der Nacht gesucht haben.

Diese Zeitpunkte ergeben sich aus der Symbolik des täglichen Laufs der Sonne, aber ob sich die Schamanen damals an dieser Symbolik orientiert haben, ist natürlich ungewiß. Die Ausrichtung der Tempel nach Süden hin und die Ausrichtung der Treppe in dem Turm von Jericho auf den Sonnenuntergangspunkt zur Sommersonnenwende zeigen zumindestens, daß die Sonne eine große Bedeutung hatte.

23. Die fruchtbare Ebene: Es erscheint recht wahrscheinlich, daß sich die Rituale der Jäger auch auf die wildreichen Jagdgründe in der fruchtbaren Ebene südlich des Göbekli Tepe bezogen haben werden. Die von den Ahnen gerufene Kraft des Panthers diente schließlich vor allem dazu, erfolgreich das Wild zu jagen. Daher wird auch diese Ebene in den Ritualen erwähnt worden sein.

Es ist durchaus denkbar, daß die Erbauer auch ihr Jenseits in Analogie zu der fruchtbaren Ebene als „ewige Jagdgründe" auffaßten.

24. Die Mulden im Fels: Die Mulden in den Felsen außerhalb des eigentlichen Tempelbezirkes, oben auf den T-Pfeilern und auch rings um den Doppellochstein aus einem der Tempel von Göbekli Tepe könnten auch im Zusammenhang mit den Ritualen eine Funktion gehabt haben. Vielleicht waren sie wie die Opfermulde in dem Tempelboden „Türen zur Unterwelt", durch die man Gaben an die Ahnen senden und durch die man sie um etwas bitten konnte.

Diese Gaben, die angesichts der Größe der Löcher sehr klein gewesen sein müssen, könnten z.B. Blut von Opfertieren oder auch einige Tropfen des eigene Blutes gewesen sein. Die Opferung des eigenen Blutes ist insbesondere von den Plains-Indianern in Nordamerika gut bekannt, deren Lebensweise wahrscheinlich vieles von der Lebensweise der Menschen in der späten Altsteinzeit bewahrt hat.

Vielleicht waren diese Mulden aber auch nur „Fenster", durch die man mit den Ahnen im Jenseits sprechen konnte.

Zu der Deutung der Mulden als „Türen zur Unterwelt" würde auch die Anzahl der Löcher in den Gruppen von Mulden passen, die ca. 1 bis 3 Dutzend umfassen und somit der vermuteten Größe einer Großfamilie entsprechen. Eine solche Muldengruppe wäre dann wie die Verbindung einer Sippe zu ihren Ahnen.

Die Mulden oben auf den T-Pfeilern werden dieser Deutung zufolge wohl erst nach dem Zuschütten des Tempels angelegt worden sein, um diese T-Pfeiler weiterhin als „Kanal" zu den Ahnen zu benutzen.

Falls diese Deutung der Mulden zutreffen sollte, wären sie deutlich individuellere Formen der Religion gewesen als die Rituale in dem Tempeln und wären weitgehend unabhängig von den Schamanen benutzt worden sein.

25. Weihungen: Als ein weiteres Element der Rituale in den Tempeln von Göbekli Tepe sind Weihungen von Amuletten, Pfeilglättern, Statuetten u.ä. recht wahrscheinlich.

26. Verlassen des Tempels: Das Verlassen des Tempels durch den Lochstein und den U-Stein wird wie das Betreten des Tempels von besonderer Bedeutung gewesen sein.

Ob es für das Betreten und Verlassen des Tempels spezielle Verhaltensvorschriften gegeben hat, ist natürlich nicht überliefert. Man wird aber wohl davon ausgehen können, daß die Menschen damals diesen Übergang in beide Richtungen hin als etwas Besonderes erlebt haben werden.

I 4. q) Die Eigenschaften der Göttin

Aus den bisherigen Betrachtungen lassen sich nun die Eigenschaften der Göttin von Göbekli Tepe rekonstruieren. Die Göttin von Göbekli Tepe unterscheidet sich nur in einigen kleinen Details von der Göttin der späten Altsteinzeit.

1. Sie ist eine Muttergöttin und symbolisiert die Fruchtbarkeit.

2. Sie ist die stillende Mutter und daher die Spenderin der Fülle, weshalb sie oft als sehr beleibt dargestellt wird – sie ist die Fülle an Nahrung.

3. Der Schwitzhütten-Tempel ist der Bauch der Göttin.

4. Sie ist eine zweifache Göttin: die Mutter der Lebenden und die Mutter der Toten.

5. Sie ist die Göttin der Zeugung, der Geburt und des Stillens im Diesseits und sie ist die Göttin der Wiederzeugung, der Wiedergeburt und des Wiederstillens im Jenseits.

6. Sie ist die Kuh-Frau, da die Kuh das Symbol der Fruchtbarkeit ist. In späterer Zeit wurde ihr Kuhkopf oft zu einer Kuhhörner-Krone.

7. Sie ist die Mutter der Toten und somit auch die Mutter der Seelenvögel: Sie hat u.a. auch die Gestalt eines Geierweibchens.

8. Sie ist die Frau mit den beiden Panthern. Sie gibt den Jägern die Kraft des Panthers für ihre Jagd. Vermutlich ist sie auch selber eine Jägerin und ein Pantherweibchen. Die Zweizahl ihrer Panther bezieht sich vermutlich auf die ihre Darstellung als zweifache Göttin – evtl. auch auf die Kraft für die Jäger im Diesseits und die Kraft für die Schamanen im Jenseits (das Großraubtier ist in allen Kulturen das Symbol der Schamanen).

9. Sie ist auch die Schlangen-Göttin: die Mutter der Ahnen-Schlangen und vermutlich auch die Göttin des Kundalinifeuers.

10. Sie hebt ihren linken Arm zum Himmels-Jenseits empor und weist mit ihrem rechten Arm nach unten zu dem Erd-Diesseits, die sie beide miteinander verbindet.

11. Der Thron, auf der die Göttin seit 7.000 v.Chr. sitzt, geht vermutlich auf die Bank innen an der kreisförmigen Wand der Tempel von Göbekli Tepe zurück.

12. Die Körperbemalung hatte vermutlich auch in der Altsteinzeit die Symbolik des „Kraftspendens". Ob damals dafür nur roter Ocker verwendet worden ist oder auch das Blut von Tieren wie in dem in historischer Zeit weltweit verbreiteten Opferkult, läßt sich nicht sicher nachweisen – aber die Verwendung von Blut ist doch sehr naheliegend und daher auch sehr wahrscheinlich. Vermutlich wird auch die Göttin mit dem roten Ocker bzw. mit Blut bemalt worden sein – sie wäre dann auch eine „rote Göttin".

13. Es gab in der späten Altsteinzeit zwei Göttin-Frisuren: das mehr als schulterlange, glatte Haar und das zu einer Art Haube geflochtene (?) Haar. Diese Haar-Haube ist zu einem fülligen Haar-Bogen geworden, das nach und nach zu einem „Ω" abstrahiert worden, das bis in die historische Zeit hinein ein Symbol der sumerischen Inanna und der ägyptischen Hathor geblieben ist.

14. Vermutlich hat es noch einen Aspekt gegeben, der sich auf die Zeugung bezieht. Während der Eiszeit, die der zweiten Hälfte der Altsteinzeit entspricht, mußten die Menschen im kalten Eurasien ihre Kinder in etwa zur Sommersonnenwende zeugen, damit sie neun Monate später zu Frühlingsanfang geboren wurden und bis zum Beginn des nächsten Winters schon etwas größer und dadurch widerstandsfähiger gegen die Kälte geworden waren.
Das sich daraus ergebende sommerliche Zeugungs-Fest läßt sich in vielen Kulturen in Eurasien und Amerika nachweisen.
Aus dieser Notwendigkeit ergibt sich u.a., daß die meisten Menschen in der Altsteinzeit vom Sternzeichen her Widder gewesen sind und manchmal vielleicht auch Fische oder Stier.
Die Göttin als „Große Mutter" wird eng mit diesem Fest assoziiert worden sein.

I 5.   Die Namen der Göttin

Es gibt keinen direkten Nachweis für den Namen, mit dem die Menschen von Göbekli Tepe ihre Göttin bezeichnet haben, da es damals noch keine Schrift gegeben hat. Göttinnen-Namen die bei den Völkern, die von den Jägern von Göbekli Tepe abstammen, mehrfach vorkommen und zudem eine Eigenschaft der damaligen Göttin bezeichnen, werden jedoch sehr wahrscheinlich schon von den damaligen Menschen benutzt worden sein.

Auf diese Weise lassen sich immerhin neun verschiedene Namen rekonstruieren, die jedoch verschieden wahrscheinlich sind.

Die damalige Sprache, die meistens „Nostratisch" („Unsere Sprache") genannt wird, ist aus den Sprachen, die von ihr abstammen, also Indogermanisch, Altägyptisch, Sumerisch, Semitisch, Elamitisch usw. erschlossen worden.

I 5. a)   Ma

Am sichersten ist der Name"Ma", d.h. „Mutter". Dies ist sowohl das einfachste und älteste Wort der Menschen als auch das am weitesten verbreitete Wort. Fast alle Völker nennen die Mutter „Ma" – das Wichtigste ist mit dem einfachsten Wort bezeichnet worden. Das Wort „Ma" ergibt sich, wenn man mit geschlossenem Mund einen Ton von sich gibt, und dann den Mund öffnet, damit dieses Rufen lauter wird. Die Mutter ist also „die, die gerufen wird".

Daraus haben sich die Namen „Ma", „Mama", „Ama", „Aima", „Nanna", „Innana" (sumerisch für = „Oh Mutter!") usw. ergeben.

I 5. b)   Mamuku

Das Wort für Mutter hieß „ma". Sollte sie tatsächlich „Große Mutter" genannt worden sein (was sich jedoch nicht direkt nachweisen läßt), hätte das in etwa „ma muku" gelautet.

Von dem damaligen Wort „muku" für „groß" hat sich über das indogermanische „mega" u.a. unsere Vorsilbe „Mega-" abgeleitet.

I 5. c) Kunumuku

Das Wort der Jäger von Göbekli Tepe für „Frau" war „kunu". Davon leitet sich das indogermanische „gwena" ab, das u.a. in „Queen" weiterlebt.

Die Göttin könnte im Zusammenhang mit dem sommerlichen Zeugungsfest auch „Kunu-muku", also „Große Frau" genannt worden sein.

I 5. d) Maruti

Der Name für die Panthergöttin läßt sich in etwa herleiten:

-Sie ist die Mutter, also „Ma".

- Die Panther sind damals wahrscheinlich „Ru" genannt worden, d.h. „die Brüllenden".

- Die beiden Panther der Göttin werden die Zweizahl-Endung (grammatischer Dual-Nummerus) gehabt haben, die vermutlich „i" gelautet hat.

- Die beiden Panther könnten wie die Göttin selber Weibchen gewesen sein, woraus sich noch eine Feminin-Endung für die Panther ableiten ließe – sie hat vermutlich „t" gelautet.

Daraus ergibt sich der Name „Ma-ru-t-i", also „Maruti". Das klingt sehr nach den beiden Maruts, also nach den beiden Löwen-gestaltigen Sturmgöttern aus der indischen Mythologie. Es ist durchaus denkbar, daß diese beiden Löwen den alten Namen der Panthergöttin bewahrt haben, aber sicher ist dies nicht.

I 5. e) Matenu

Sehr wahrscheinlich ist die Göttin auch „Matenu" genannt worden. Dieser Name setzt sich aus „Ma" für „Mutter", „te" für „jenes dort in der Ferne" und „nu" für „Wasser" zusammen.

Der Beiname „jenes Wasser" im Sinne von „Himmelsmeer dort oben" hat sich sowohl bei den Indogermanen als „Dehnu" als auch bei den Ägyptern als „Tefnut" erhalten, von der die Kurzform „Nut" bekannter ist. Das „t" am Ende des ägyptischen Namens ist die Feminin-Endung.

Der Name „Tenu" bzw. „Matenu" für die damalige Göttin ist also recht wahrscheinlich. Da sich die Vorfahren der Ägypter und der Indogermanen bereits um 7.000 v.Chr. getrennt haben, muß dieser gemeinsame Göttin-Namen also deutlich vor 7.000 v.Chr. entstanden sein. Er muß schon vor 7.000 v.Chr. wichtig gewesen sein, da er sich sonst nicht bei beiden Völkern hätte erhalten können.

I 5. f) Macoma

Eine weiterer möglicher Göttin-Name ergibt sich aus den beiden Worten „Ma" für „Mutter" und „Coma" für „Rind", falls die Göttin damals schon als Kuh aufgefaßt worden ist, was angesichts der weltweiten Kuhgöttin-Symbolik als sicher gelten kann.

I 5. g) Comamuku

Es wäre auch der Göttin-Name „Coma-muku", also „Große Kuh" denkbar.

I 5. h) Masiau

Als Geierweibchen gebiert die Göttin die Sonne an jedem Morgen. Daher wäre der Name oder Beiname „Sonnenmutter" recht plausibel, der auf nostratisch „Ma-siau" lauten würde.

I 5. i) Aset

Schließlich finden sich in Mesopotamien mehrere Göttin-Namen mit der Bedeutung „Sitz, Thron". Die bekannteste dieser Göttinnen ist sicherlich die ägyptische Isis. „Isis" ist die griechische Schreibweise für das ägyptische „Aset". Dieses „set" ist mir dem deutschen „sitzen" verwandt und bedeutet „Sitz, Thron". Da das Symbol, daß Isis als ihr Kennzeichen auf ihrem Kopf trägt, ein solcher Thron ist, ist diese Deutung des Namens ausgesprochen sicher.

Andere „Thron-Göttinnen" sind die babylonische Ishtar, die altgriechische Astarte, die ugaritische Athtartu, die phönizische Ishtoreth, die aramäische Athtar, die hebräische Ashtoreth usw. Alle diese Namen gehen auf „Aset" für „Sitz, Sitzende" zurück.

Der Sitz bzw. Thron, auf den sich dieser Name bezieht, ist der Pantherthron der Göttin von Çatal Höyük um 7000 v.Chr. und die Bank in dem Tempel von Göbekli Tepe, auf dem das gravierte Bild der Göttin stand.

I 5. j) Zusammenfassung

Zu den sicheren Namen der Göttin zählen:
      Ma – die Mutter
      Aset – die Sitzende
      Tenu – jene Wasser

Zu den wahrscheinlichen Namen der Göttin gehören:
      Maruti – die Mutter der beiden Panther
      Matenu – die Mutter jener Wasser

Die unsicheren Namen der Göttin sind:
      Mamuku – die Große Mutter
      Kunumuku – die Große Frau
      Comamuku – die Große Kuh
      Masiau – Sonnenmutter

I 6. Die Beschreibung der Göttin

Anhand der bisherigen Betrachtungen ist es nun möglich, die Göttin von Göbekli Tepe genauer zu beschreiben.

I 6. a) Name

Die Göttin wurde als Mutter „Ma" genannt. Als Göttin im Tempel war sie „Aset", d.h. „die Sitzende". Als Jenseitsgöttin war sie „Tenu", d.h. „jene Wasser", womit das Himmelsmeer und die Wasserunterwelt gemeint sind. Diese beiden Wasser sind letztlich dasselbe, da die Welt sozusagen als eine Erdscheibe mit einer Luftblase darüber in einem allumfassenden Meer angesehen worden ist.

Wahrscheinlich wurde sie auch „Maruti", d.h. „die Mutter der beiden Panther" und „Matenu", d.h. „die Mutter jener Wasser" genannt.

Möglicherweise trug sie auch die Namen „Mamuku" für „Große Mutter", „Kunumuku" für „Große Frau", „Comamuku" für „Große Kuh" und „Masiau" für „Sonnenmutter".

I 6. b) Aussehen

Es gibt mehrere Versionen der Göttin. Sie stimmen darin überein, daß sie alle nackt sind.

Die Muttergöttin „Ma", „Mamaku" („Große Mutter") und „Kunumaku" („Große Frau") hat eine füllige Gestalt mit runden, üppigen Proportionen. Sie symbolisiert die Muttermilch und die reichliche Nahrung sowie vermutlich auch Wärme und Geborgenheit. Als „Comamuku" („Große Kuh") hat sie die Gestalt einer Kuh-Frau.

Die Göttin im Tempel „Aset" („Sitzende") streckt ihre rechte Hand nach unten und ihre linke Hand nach oben und verbindet dadurch Diesseits und Jenseits. Sie ist schlank und hat die „Ω"-Frisur. Da ihr Schoß das Tor zwischen Diesseits und Jenseits ist, zeigt sie ihn den Menschen.

Die Panthergöttin „Maruti" (Mutter mit den beiden Panthern") ist wahrscheinlich auch eine schlanke Göttin. Sie wird von ihren beiden Panthern begleitet. Da sie auch die Göttin der Jagd ist, wäre es wäre passend, wenn sie einen Speer oder Pfeil und Bogen in ihrer Hand halten würde.

Die Gestalt der Jenseitsgöttin „Tenu" („Jene Wasser") bzw. „Matenu" („Mutter jener Wasser") ist unklar.

Als Geiergöttin hat sie die Gestalt eines Geierweibchens. Vermutlich trug sie einfach den Namen „Ma", vielleicht auch „Ma-siau", d.h. „Sonnen-Mutter".

Als Jenseitsgöttin hat sie vermutlich auch die Gestalt einer Schlange – in dieser Gestalt erscheint sie auch in den späteren Mythen.

Die Göttin von Göbekli Tepe hat somit die Gestalten der vier Tiere, die noch heute in den Schwitzhütten angerufen werden:

- die Schlange im Westen,
- der Bär im Norden (Großraubtier: in Göbekli Tepe der Panther),
- der Adler im Osten (größter Vogel: in Göbekli Tepe der Geier),
- die Büffelfrau im Süden (Herdentier: in Göbekli Tepe die Kuh).

I 6. c) Charakter

Die Göttin ist die Mutter, das Himmelsmeer, die Unterweltswasser, die Erde (Schwitzhütte = Bauch der Erde), das Geierweibchen und als Pantherfrau vermutlich auch eine Jägerin.

Sie wird daher beschützend und nährend wie eine Mutter, aber auch stark und direkt wie ein Panther sein. Zudem ist sie als das Himmelsmeer, die Unterweltswasser und die Erde auch weit mehr als nur eine Frau – sie ist die als Frau aufgefaßte Welt, in der alle Lebewesen leben.

I 6. d) Umfeld

Das Umfeld der Göttin von Göbekli Tepe sind die Jäger und die Schamanen, die Schwitzhütten und die Schwitzhütten-Tempel, die Totempfähle und die T-Pfeiler, die Jagdzauber und die Fruchtbarkeitszauber, die Schwitzhütten-Zeremonie und die Heilungs-Zeremonien, die beiden Mittelpfeiler und der Diesseits/Jenseits-Gegensatz, die Astralreise und die Kundalinischlange, die Lebenden und ihre Ahnen, eßbare Wurzeln und Heilkräuter …

II   Eigenes Erleben

Eine Religion, eine Mythe oder ein Gottheit ist im Wesentlichen kein akademisches Konzept oder eine historische Tatsache, sondern ein Aspekt des eigenen Lebens – etwas, das man erleben kann und das das eigene Leben grundlegend verändern kann.

Man braucht eine solide religionshistorische Grundlage, um nicht in die Phantasie abzudriften, aber man braucht auch das persönliche Erlebnis, damit die Religion, die Mythe oder die Gottheit für einen selber lebendig werden und eine Bedeutung erlangen kann.

II 1.   Traumreise

Die einfachste Form, um zu einem persönlichen Erlebnis zu kommen, ist die Traumreise. Dabei ist man gleichzeitig im Wachzustand und im Traumzustand. Das ist nicht so exotisch, wie es vielleicht klingen mag, da so gut wie jeder diesen Zustand kennt: zum einen, wenn man morgens nach dem Erwachen noch ein paar Sekunden bewußt weiterträumt, und zum anderen, wenn man einen lebhaften Tagtraum hat, wenn man z.B. in der Eisenbahn sitzt und zum Fenster hinausschaut.

Die Traumreise hat noch eine Besonderheit: Da die Telepathie sozusagen die Sinneswahrnehmung des Unterbewußtseins ist und der Traumzustand der Bewußt-seinszustand des Unterbewußtseins ist, kann man durch Traumreisen, also durch „bewußtes Träumen" gezielt auf telepathische Weise Informationen erlangen. Das bedeutet, daß man durch eine Traumreise mehr erfahren kann als nur das, was sich als Informationen schon im eigenen Kopf befindet.

II 1. a)   einfache Traumreise

Eine Traumreise beginnt man, indem man sich hinlegt und entspannt. Mit etwas Übung kann solche Traumreisen jedoch auch im Sitzen, Stehen, Gehen, in der U-Bahn usw. durchführen ohne daß das irgendjemand bemerken müßte. Man wirkt dann lediglich, als ob man nachdenken oder tagträumen würde. Die ersten male sollte man jedoch das Liegen an einem geschützten Ort wählen, da das am einfachsten ist.

Dann stellt man sich eine Tür, ein Tor, einen Vorhang o.ä. vor, auf dem z.B. „Göttin von Göbekli Tepe" oder „Maruti" steht. Dann geht man in seiner Vorstellung durch dieses Tor hindurch. Dadurch definiert man, was man anschließend sieht – wie bei der

Suchwort-Eingabe im Browser eines PCs (wobei es Traumreisen deutlich länger als PCs gibt …).

Dann schaut man, was man wahrnimmt, und strebt danach, zu dem Wesentlichen in dem Bereich zu kommen, den man innerlich betreten hat.

Falls man zuviele Dinge auf einmal sieht („Trubel auf dem Oktober-Fest"), wählt man ein Element aus und konzentriert sich darauf. Falls man nichts sieht („finstere Nacht"), hockt man sich in seiner Vorstellung hin und tastet mit den Händen nach dem, worauf man gerade steht, hockt oder sitzt. Falls alles eintönig sein sollte („leere Wüste"), wünscht man sich ein rotes Wollknäuel herbei, bindet das eine Ende an sein linkes Handgelenk und wirft es dann mit den Worten „Zum Wesentlichen!" in die Höhe und folgt dann anschließend diesem roten Faden.

Derartige Hilfsmittel gibt es in großer Anzahl. Auch das Verstehen der Bilder erfordert manchmal ein bißchen Übung – sie folgen derselben Logik wie die nächtlichen Träume oder wie Mythen oder Märchen. Ein ausführlichere Beschreibung dazu findet sich in meinem Buch „Die Sprache des Mondes – für Anfänger".

II 1. b)   geführte Traumreise

Bei einer „geführten Traumreise" gibt es eine Person, die meistens für eine Gruppe eine „Geschichte" erzählt, der die anderen dann folgen und sich dabei das Erzählte innerlich vorstellen. Dadurch gelangen sie in einen bestimmten inneren Bereich.

Diese Methode hat den Vorteil, daß sie sehr einfach durchzuführen ist und den Eintritt in eine Traumreise erleichtert, aber sie hat den Nachteil, daß sie sehr viele Bilder vorgibt und dadurch die Erlebnisse der Menschen in der Gruppe stark einschränkt.

II 1. c)   halb-geführte Traumreise

Bei einer „halb-geführten Traumreise" wird die Erzählung lediglich als Alternative zu dem Tor bei der einfachen Traumreise verwendet.

Eine Person beschreibt z.B. den Weg zu einem bestimmten Tempel der Gottheit, mit der man Kontakt aufnehmen will: den Hathor-Tempel in Dendera, einen der Tempel auf dem Göbekli Tepe, die Ka'aba in Mekka usw.

Dadurch wird es den Teilnehmern der Gruppe oder auch der einzelnen Person erleichtert, sich auf das Ziel zu konzentrieren und innere Bilder hervorzurufen. Diese Methode eignet sich daher besonders gut für Anfänger.

II 1. d) Traumreisen-Gespräch

Schließlich gibt es noch das Traumreisen-Gespräch. Dabei verzichtet man weitgehend auf innere Bilder und verlegt sich stattdessen auf das Hören – es ist also eine „akustische Traumreise".

Eine solche Traumreise beginnt man, indem man die Gottheit anspricht – z.B. mit den folgenden schlichten Worten: „Hallo Shiva, ich würde Dich gerne besser kennenlernen. Magst Du mir etwas sagen oder zeigen?"

Daraufhin lauscht man, was als Antwort kommt. Auf diese Weise kann manchmal ein langes und sehr interessantes Gespräch entstehen. Mit etwas Übung kann das sehr einfach werden.

Die Art der Informationen ist bei der „optischen Traumreise" und der „akustischen Traumreise" verschieden. Im ersten Fall erlebt man Ereignisse und sieht Symbole wie im Traum, im zweiten Fall bekommt man Zusammenhänge erläutert wie in einem guten Gespräch. Man kann natürlich auch während einer Traumreise zwischen beiden Möglichkeiten wechseln oder sie kombinieren – wobei fast jede Traumreise einen deutlichen optischen bzw. akustischen Schwerpunkt hat, d.h. es ist sehr selten ungefähr 50% von beidem in einer Traumreise.

Man kann zu Beginn einer solchen Traumreise auch ein Diktiergerät oder das Mikro des PCs einschalten und dann die während der Traumreise laut ausgesprochenen Worten aufnehmen. Dabei werden sowohl die eigenen Worte als auch die Worte z.B. der Gottheit laut ausgesprochen.

Dasselbe ist auch bei der vorwiegend optischen Traumreise möglich, wobei man dann laut beschreibt, was man gerade erlebt.

II 1. e) automatisches Schreiben

Beim automatischen Schreiben hält man einen möglichst leicht schreibenden Stift locker in seiner Hand über ein Blatt Papier und sagt dann seiner Hand „Schreib!" Die Haltung dabei ist dieselbe wie beim Pendeln oder beim Wünschelrutengehen. Sie hat auch Ähnlichkeit mit den Bewegungen bei Familienaufstellungen: Man tut etwas, aber hat es nicht bewußt gelenkt.

Anfangs wird beim automatischen Schreiben hauptsächlich Gekrakel erscheinen, aber daraus können mit ein bißchen Übung Worte und Bilder entstehen.

Für manche Menschen ist diese Methode („haptische Traumreise") gut geeignet, aber den meisten Menschen fällt eine der anderen Möglichkeiten leichter. Es ist letztlich die Frage, zu welchem Bereich man den leichtesten Zugang: zu dem Sehsinn, zu dem Hörsinn oder zu der Muskulatur. Diesen Bereich benutzt man dann als „Monitor" für das, was man innerlich wahrnimmt. Entsprechend dem Wesen dieses Bereichs wird die innere Wahrnehmung dann in ein Bild, in einen Ton oder in eine Bewegung übersetzt.

II 1. f)   sonstige Möglichkeiten

Es gibt auf Traumreisen auch Geschmacks-Wahrnehmungen, Geruchs-Wahrnehmungen, Berührungs-Wahrnehmungen und Temperatur-Wahrnehmungen, aber nach allem, was ich bisher bei mir und anderen erlebt habe, kommen diese Wahrnehmungen in Traumreisen nur als gelegentliche Ergänzung, aber nicht als Hauptelement vor.

Eine Ausnahme bildet das Erleben des Inneren Feuers (Kundalini, Tummo), das jedoch nicht mit einer normalen Traumreise verbunden ist, sondern in der Regel lediglich aus diesem Hitzegefühl besteht, das allerdings in den verschieden Chakren sehr unterschiedlich sein kann.

Die Lebenskraft wird sehr oft und in verschiedenen Zusammenhängen als eine Form der Hitze erlebt – beim Yoga, bei Anrufungen, bei Runenübungen, bei Weihungen usw. Allerdings erzählt diese Hitze höchstens nur eine sehr schlichte „Geschichte", auch wenn es durchaus differenzierte Dynamiken im Erleben dieser Hitze geben kann.

II 2. Aufstellungen

Die Familienaufstellungen sind dem automatischen Schreiben recht ähnlich – allerdings benutzt man seinen ganzen Körper und nicht nur die Hände als „Monitor" für die innerlich empfangenen Informationen. Eine Familienaufstellung ist im Grunde sehr schlicht, aber eine Beschreibung kann nicht das Gefühl vermitteln, das man dabei hat. Daher sollte man einmal bei einer solchen Aufstellung teilnehmen.

Es ist ein bißchen so, als wenn man eine Tarotkarte beim Kartenlegen wäre: man erhält z.B. die Aufgabe, den Großvater des Ratsuchenden darzustellen. Dazu stellt man sich in den dafür vorgesehen Raum in der Mitte der Teilnehmer (z.B. auf einem großen Teppich). Man bekommt jedoch nichts über den Großvater des Betreffenden erzählt. Dadurch, daß man sich an den Platz im Raum stellt (die Tarotkarte wurde ausgewählt und an ihren Platz gelegt), ist jedoch die Qualität definiert, die man hat, und man beginnt intuitiv sich so zu bewegen oder so zu sprechen wie dieser Großvater (die Tarotkarte ist aufgedeckt worden).

Diese Methode kann man auch benutzen, um eine Gottheit kennenzulernen. Man bittet die Gottheit, sich an einen bestimmten Ort im Raum zu stellen und schaut dann, was man selber tun will – zu ihr gehen, sie ansprechen, sie um einen Impuls bitten usw. Daraus kann sich dann ein Gespräch mit der Gottheit ergeben, das auch Handlungen enthält. Man kann das ein „Spontan-Ritual" nennen oder eine „Handlungs-Traumreise".

II 3. Invokationen

Bei einer Invokation vereint man sich mit einer Gottheit. Die klassische Methode besteht darin, daß man sich die Gottheit möglichst lebhaft vorstellt und sie beschreibt: „Sie ist …" Dann geht man dazu über, die Gottheit anzusprechen und sich ihr anzunähern: „Du bist …" Schließlich identifiziert man sich mit der Gottheit und tritt in ihre Gestalt ein: „Ich bin …"

Man kann eine Gottheit auch ganz schlicht darum bitten, mit dem eigenen Bewußtsein in sie hinein wechseln zu dürfen – das ist recht einfach. Man kann dies sowohl von einer Traumreise aus als auch von einer Aufstellung aus tun oder auch ganz einfach, wenn man z.B. vor einer Statue dieser Gottheit steht.

II 4. Rituale

Ein Ritual unterscheidet sich von einer Aufstellung dadurch, daß es in der Regel einen klaren, vorgegebenen Ablauf hat. Das schränkt evtl. die Erlebnismöglichkeiten ein, aber es hat den Vorteil, daß es einfach durchführbar ist, durch die Wiederholung dieses Rituals einen Halt gibt und durch seine feste Form die Möglichkeit gibt, daß eine große Zahl von Menschen an demselben Vorgang teilnehmen, der zu einem Kontakt mit der Gottheit führt.

II 5.   Traumreisen zu der Göttin von Göbekli Tepe

Um das Wesen von Traumreisen zu veranschaulichen gibt es nicht Besseres, als sie selber durchzuführen. Die zweitbeste Wahl ist es, einige solcher Traumreisen zu beschreiben.

Die erste der drei folgenden Traumreisen ist eine halb-geführte Traumreise (wobei ich mich hier selber führe), die zweite eine freie Traumreise mit dem Schwerpunkt auf der Bilder-Wahrnehmung (ein Symbol als Traumreisen-Eingangstor) und die dritte eine Traumreise mit dem Schwerpunkt auf dem Gespräch.

II 5. a)   erste Traumreise

Ich habe mich bequem hingelegt und das Mikro von meinem PC eingeschaltet.

Ich stelle mir vor, daß ich jetzt meinen Körper verlasse und über das Haus, in dem ich wohne, emporschwebe, dann Richtung Süden fliege ... über die Alpen ... über Italien, die Adria ... Griechenland ... das östliche Mittelmeer, Zypern, Syrien ... und jetzt fliege ich Richtung türkisch-syrische Grenze ... da in dieses Hochtal des Beliche, dem Nebenfluß des Euphrats ...

Ich fliege von Süden her über dieses Tal ... sehe dann im Norden den Göbekli Tepe ... am Ende dieses Hochtals, dieser Ebene inmitten von diesen Gebirgen ... ...

Und ich reise jetzt in der Zeit zurück ... 2000 n.Chr. ... 1000 n.Chr. ... Christi Geburt ... 1000 Jahre vorher ... 2000, 3000, 4000, 5000 Jahre v.Chr. ... 6000 ... 7000 ... 8000 ... 9000 ... ... 10.000 v.Chr. ... ...

Jetzt nähere ich mich diesem Berg ... dem Göbekli Tepe ... ... und lande dort ... Ich sehe dort mehrere Dutzend von diesen halbkugelförmigen Tempeln ... ... hm – da sind sogar noch mehr ... weiter hinten auf dem Berg ... ...

Ich geh zu dem Tempel, der am nächsten vor mir ist ... ... ich gehe zu dem Eingang ... die Eingänge zeigen alle nach Süden ...

Ich streiche mit der Hand über diesen U-förmigen Stein ... an dessen beiden oberen Enden die beiden Panther-Statuetten sind ... ich streiche mit der Hand über diesen Panther ...

Ich knie mich hin und krieche durch diesen U-Stein und durch den Lochstein, der gleich dahinter steht, hindurch ... in den Gang ... es ist dunkel und ein bißchen kühler als draußen – aber nicht kalt ... es ist eher angenehm ... ...

Ich krieche weiter und komme jetzt zu der Stelle, wo dieser Gang in den äußeren Mauerkreis übergeht ... und vor mir ist der innere Mauerkreis ...

Links sehe ich die kurze Mauer, die von dem äußeren Mauerkreis zu dem inneren

Mauerkreis führt – die Nabelschnur zwischen Mutter und Kind ... ...

Vor mir steht eine Leiter – die klettere ich hoch ... vor mir ist eine Öffnung in der Kuppel auf dem inneren Kreisring ... ich stoße hinter mir fast gegen das Kuppeldach auf dem äußeren Kreisring ... ich steige über die Mauer und steige drinnen über eine zweite Mauer hinab ... ...

Ich setzte mich ein kleines Stück nach rechts auf die Steinbank innen an der Mauer ... komisch – bisher bin ich immer nach links gegangen ... ... heute scheint niemand hier drinnen zu sein – sonst sitzen da manchmal Menschen auf den Bänken ... ...

Da sind zwei Schälchen mit Öl und einem Docht, die ein bißchen Licht hier drinnen verbreiten ... die stehen auf vorspringenden Steinen in der Mauer ... ...

Ich sehe die T-Pfeiler, diese Ahnen-Steine in der inneren Mauer ... ... und ... die Gravuren und die Panther-Halbreliefs auf ihnen, die wirken bei diesem ... ja ... schwachen und flackernden Licht viel lebendiger ...

In der Mitte sind zwei große Pfeiler ... sonst habe ich da meistens zwei Panther gesehen, die da eingraviert waren ... auf den Innenseiten, also auf den beiden Seiten dieser Mittelpfeiler, die sich sozusagen gegenseitig angucken ... und manchmal lagen dort auch zwei echte Panther zwischen den beiden Mittelpfeilern ... heute sehe ich da an den beiden Mittelpfeilern Gürtel und Fuchsfell-Lendenschurz und Hände und Halskette ... ...

Auf der gegenüberliegenden Seite, wenn ich vom Eingang her zwischen diesen beiden Mittelpfeilern hindurchschaue, sehe ich die Steinplatte mit der eingravierten Göttin, die ihren rechten Arm nach unten und ihren linken Arm nach oben hält ... ...

„Maruti?"

... ...

Ich sehe sie ... sie steht ... ja ... kurz hinter den Mittelpfeilern, also wenn ich vom Eingang aus da hin schaue, ein paar Schritte dahinter ... ich sehe sie zwischen den beiden Pfeilern hindurch ...

Sie ist groß, schlank, nackt, hat etwas dunklere Haut, schulterlange, dunkle, wellige und leicht ... hm, wie soll man das nennen ... kräftige Haare, die so'n bißchen aufgebauscht sind ... buschiges Haar ... und in ihrer, ja, linken Hand hält sie einen Speer, der ungefähr so lang ist wie sie selber ... so habe ich sie bisher immer gesehen ... ...

„Maruti? Magst Du mir etwas sagen oder zeigen?" ...

„Du bist ohne klaren Grund für Dich selber gekommen."

„Ehm ... ja, das stimmt ... ich habe gedacht, es wäre gut, hierher zu reisen, weil ich gerne anderen von Dir erzählen möchte."

„Dann sag das doch! ... Sei direkt und aufrichtig! Red nicht um den heißen Brei herum!"

„O.k. ... da hast Du recht, ja ... ja ... da bin ich nicht so direkt, wie es gut wäre, ja ..."

„Das würde Dir und Deinem Hara sehr helfen – und auch Deinem Halschakra."

„O.k. ... ja ... ... Puh! ... Gibt es etwas, was Du mir sagen möchtest, was ich anderen mitteilen kann?"

„Sie sollen selber kommen." ...

„Hm ... ja ... Gibt es etwas, was Du mir zeigen magst, was für mich hilfreich wäre?" ...

„Dein Penis."

„Ehm ... ja ... äh ... was ist damit?"

„Du könntest mehr Spaß damit haben als Du hast."

„Ehm ... ja ... äh ... ehm ... wo hakt's?"

„Sei im Augenblick und sei wirklich bei dem, was Du im Augenblick willst und weich nicht aus und rutsch nicht in Ersatzdinge rein, sondern sei präsent. Und schau immer, was Du wirklich willst und geh das gradlinig an." ...

„Das klingt sehr nach einer Widder-Philosophie ..."

„Hast Du nicht selber festgestellt, daß die Menschen in Eurasien während der Eiszeit hauptsächlich Widder waren, weil sie dann die größte Chance hatten zu überleben? Wenn sie zu Frühlingsanfang geboren werden?"

„Ehm ... ja ... ich bin aber noch nicht darauf gekommen, daß deshalb auch ihre Göttin Widder-Charakter hat ..."

„Was erwartest Du von einem Volk, das fast nur aus Widdern besteht?"

„Ja ... hm ... sehr naheliegend, ja ... soweit habe ich aber noch nicht gedacht ... das heißt, man könnte sagen, Du bist Sternzeichen Widder?"

„Nein, ich habe kein Sternzeichen, aber ich habe den Charakter dieses Sternzeichens – der ist bei mir sehr ausgeprägt."

„O.k. ... ... Puh! ... ... Ehm – wenn ich bisher bei Dir gewesen bin, ich meine, wenn ich anderen geholfen habe, zu Dir zu kommen, waren das ja meistens Frauen, die Mißbrauch und Vergewaltigung erlebt haben – aus irgendeinem Grund suchen ja bei mir hauptsächlich solche Frauen nach Beratung ... da hab ich immer das Gefühl gehabt, daß es ihnen sehr geholfen hat, Dich zu erleben ... ... Bist Du ... für andere Menschen ... ja ... auch eine solche Bereicherung? Also für Menschen, die nicht solch ein Desaster erlebt haben?"

„Wenn jemand das Gefühl hat, er will mich kennenlernen, dann soll er herkommen und dann schauen wir." ...

„O.k. ... Puh! ... Kannst Du mir noch etwas sagen, was mir gut tun würde?" ...

„Du bist schon auf dem richtigen Weg, aber Dir würde in bißchen mehr Forschheit und ein bißchen mehr Mut gut tun, ein bißchen mehr Dreistigkeit. Du schaust noch viel zu sehr danach, daß Du anderen nicht auf die Füße trittst und daß Du ja nichts tust, was zu 'nem Streit oder zu einer Verstimmung oder zu irgendsowas führen könnte. " ... ...

„Also immer frisch drauflos ... "

„Das wäre das Passende. "

„Ehm ... Puh! ... Das klingt ja nicht unbedingt nach meinem Waage-Aszendenten – der ist ja der Gegenpol zum Widder. "

„Es geht nicht drum, daß Du was anderes wirst, als Du bist, sondern darum, daß sich die Verzerrungen auflösen. "

„Ehm, ja ... das ... öh ... das habe ich heute Morgen noch bei einer Beratung auch einer Frau gesagt ... ja ... ... Und da hilft mir der Widder-Stil? "

„Es ist immer der Gegenpol, der die Verzerrungen am besten beleuchtet. " ...

„Ja ... einleuchtend ... ... ja ... das ist die freundliche Art, die Verzerrung zu beleuchten – das Oppositions-Sternzeichen. Die Quadrate sind die drastische Art, nicht wahr? "

„Ja. "

„Das heißt, bei mir wäre das dann Krebs und Steinbock ... Puh! ... ... Ich habe ... ach ... Puh! ... ... War's das für heute? "

„Nein! "

„Was gibt es noch? "

„Komm mit! " ...

Wir sind plötzlich draußen ... unten in der Ebene ... da ist ein Gemisch aus Wald und Savanne ... also Wald mit Wiesen oder Wiesen mit ganz viel Wald dazwischen ... Büschen ... und der Beliche führt viel mehr Wasser als heute, weil's damals ja viel mehr geregnet hat ... da sind auch ganz viele Nebenflüsse und Teiche ... und ich sehe sofort Gazellen, Antilopen ... da müssen auch Wildschweine und Wildrinder sein ... Enten ... Kraniche ... ...

Hm ... Kraniche waren tabu ... weil die die Ahnen dargestellt haben ... Ich hatte gerade das Gefühl, daß Maruti mich auf dieses Tabu hinweist – also, die steht links neben mir ...

Ich fühl mich ein bißchen komisch in meiner Kleidung, wo Maruti doch nackt neben mir steht ... also ziehe ich meine Klamotten mal aus ... ...

Sie ... ich weiß auch nicht ... sie zaubert irgendwie einen Speer herbei ... sie hält ihren in ihrer linken Hand und drückt mir den anderen in meine Hand ... ...

Sie sagt: „Wenn Du essen willst und wenn Du Nahrung für Deine Kinder haben willst und für Deine Frau, dann mußt Du jagen. Du tötest das Tier, das Du essen willst. " ...

„Puh! ... Dieses Jagen fällt mir nicht gerade leicht, ne ... "

„Wenn Du nicht genau weißt, daß Du dies Tier jagen willst und wenn Du das nicht hundertprozentig willst, dann wirst Du's auch nicht kriegen. Und dann wirst Du hungern und Deine Frau wird hungern und Deine Kinder werden verhungern. " ...

„O.k. ... ja ... das ... ist ja eindeutig ... ... Puh! ... gut ... dann ... "

„Da hinten ist eine Gazelle. Hol sie Dir!"

Ich schleiche mich durch die Sträucher an ... das ist ja etwas, was ich im Wald oft gemacht habe, wenn ich Rehe oder Wildschweine beobachtet habe ... ich werfe den Speer, als ich nah genug dran bin ... aber ... ich hab nicht wirklich treffen wollen ... oh, Mann – meine Stimme ist ganz belegt! ... ein Halschakra-Problem ...

Maruti steht neben mir ... die Gazelle ist auf und davon ...

„Und – willst Du verhungern? Willst Du, daß Deine Kinder sterben?" ...

„Nein ... gut ... ... daß heißt, ich nehme Leben, um selber zu leben ... Heidenei! ... und das, wo ich doch eigentlich Vegetarier bin! ... O.k. ... "

„Das Vegetarier-sein ist bei Dir auch 'ne Krankheit! Nicht daß es falsch wäre, vegetarisch zu leben, aber Deine Motivation ist schlichtweg falsch! Du hast Angst zu verletzen und Dich durchzusetzen. Deshalb bist Du Vegetarier geworden."

„Ehm ... ja ... ja, o.k. ... falsche Motivation ... gut ... Puh!" ...

Ich wünsche mich zu einem dieser Nebenflüßchen des Beliche ... ich schaue nach einem Wildwechsel, einer Wildtränke und finde auch eine ... verberge mich da in den Sträuchern ... so, daß der Wind von dem Wildwechsel zu mir her weht ... und die Tiere mich nicht riechen können ... ...

Rechts neben mir sitzt auf einmal ein Panther ... ...

Da kommt 'ne kleine Gruppe Antilopen ... der Panther spannt sich ... ich halte meinen Speer ... plötzlich springt der Panther auf und jagt los ... ich springe auch auf und schleudere meinen Speer mit aller Kraft auf eine Antilope ... der Speer trifft sie und sie stürzt nieder ... ich renn hin ...

Maruti steht neben mir und sagt: „Nun töte sie!"

Ich ziehe den Speer raus und steche noch mal zu ... Puh!!! ... Meine Güte! ... ...

Der Panther hat auch eine Antilope gerissen und beginnt zu fressen.

Maruti sagt: „Nun trink das Blut!"

„Ohje! ... ja ... gut ... ... Oh Mann! ... Das ist echt hart!" ...

Das fällt mir nicht leicht ... es schmeckt süßlich ... es ist warm ... ... irgendwie ... es ... es hat was Berauschendes ...

Maruti: „Das ist die Lebenskraft, die Du aufnimmst."

„Puh!!! ... ... Oh Mann! ... ja ... gut ... "

„Und das Fleisch ist jetzt für Deine Frau und Dich und Deine Kinder."

„Gut ... "

Die Antilope ist schwerer als ich dachte, aber ... ich lege sie mir über die Schultern und ... greife jeweils ein Bein ...

„Hach! Mann! ... "

Das ist alles nicht so einfach hier ... da läuft der Rest Blut von der Antilope meinen Rücken hinunter ... puh ... ...

Ich schaue zu dem Panther rüber: „Danke Panther!"

„Puh!!! ... ja ... ... Wo sind denn meine Frau und meine Kinder?"

„Das ist heute nicht wichtig – wichtig ist, daß Du gejagt hast. ... Erinnere Dich an den Moment, in dem Du entschieden hast, die Antipope zu erlegen und zu töten." ...

„Ja ... ich war erst unentschieden, aber dann habe ich den Panther gesehen ... und habe mir gesagt ... so ... so mach ich das ... ... "

„Das ist das, was Du immer fürchtest: Grenzverletzung. Du mußt es selber lernen. " ...

„Ehm ... wieso benutzt Du solche Worte wie 'Grenzverletzung'? "

„Ich spreche mit Dir in Deiner Sprache, denn sonst begreifst Du's nicht. "

„Ehm ... ja ... danke ... also ich muß Grenzverletzung lernen? "

„Ja – wenn Du nicht weißt, wie's geht, kannst Du Dich nicht dagegen schützen. Und Du kannst es nicht anwenden, wenn's nötig ist. Es ist Quatsch, auf eine Welt zu hoffen, in der es keine Grenzverletzung gibt. " ... ...

„Ehm ... so hab ich darüber noch nicht nachgedacht ... "

„Es wird Zeit – Du willst doch heilwerden, oder? "

„Ja ... ... Puh! ... also ... wehrhaft sein ... "

„Wenn Du's so nennen willst ... Ist das Jagen einer Antilope 'wehrhaft'? ... Ist das Essen einer Bratwurst, die aus getöteten Tieren hergestellt worden ist, 'wehrhaft'? Ist das Essen von Brot, das aus gemahlenem Getreide hergestellt wird, 'wehrhaft'? Oder ist das 'grenzverletzend'? " ...

„'Grenzverleztend', ja. ... Ich töte also, um zu leben ... "

„Ja, jedes Lebewesen tut das – jeder Pilz, jede Bakterie, jeder Virus, jedes Tier, jede Pflanze – wobei die Pflanzen das noch am wenigsten tun. Du nimmst andere Stoffe auf und verwandelst sie in Deine eigenen. Und dafür löst Du die Form dieser anderen Stoffe auf – ob das nun Getreidekörner oder Tiere sind oder was auch immer. Du zerstörst, um etwas Neues zu erschaffen. Selbst wenn Du Dir ein Haus baust – Du fällst Bäume, Du brennst den Kalk und machst daraus Mörtel. Du verwandelst – und indem Du verwandelst, bist Du grenzüberschreitend. Du löst das auf, was da war, Du tötest die alte Form, um die neue zu erschaffen. So lebst Du. " ...

„Puh!!! ... Meine Güte! ... ja ... das ... ist wohl so zutreffend ... und wo ... ist da der Platz ... für meine Art? "

„Das alles heißt doch nicht, daß Du nicht freundlich sein kannst! Töte nur so viel, wie Du wirklich brauchst. Töte nicht aus Spaß. Und töte nicht und verwandle nicht für Dinge, die Du nicht wirklich brauchst. Und töte schnell und quäle nicht. Und sei freundlich zu Deiner Frau und zu Deinen Kindern und zu den anderen in Deinem Dorf, aber sei direkt und entschieden. Sei nicht unterwürfig freundlich. Sei nicht freundlich, indem Du Dich zurückziehst. Lebe Deine Ecken und Kanten. Und sei da. " ...

„Puh! ... Danke, Maruti ... ich glaube, das reicht mir erst mal für heute ... "
„Bitte. "
... ...

„Ich weiß nicht, wo der Impuls herkommt, Maruti, aber ... ich würde gerne einmal ... Deinen Speer umfassen, während Du den hältst."

„Dann tu's."

Ich greife nach ihren Speer unterhalb ihrer Hand – sie hält ihn in der linken Hand ... ich greife mit der rechten Hand ... die Spitze zeigt nach oben – das untere Ende steht auf dem Boden ...

„Puh!"

Ich spüre die Kraft, den Schwung, die Schnelligkeit, die Entschiedenheit ... die Eindeutigkeit ... die Einsgerichtetheit ... in diesem Speer ... ... und ich lasse diese Qualitäten in mich hineinfließen ... ich muß nichts dafür tun – das passiert einfach ... ...

„Puh!" ...

Ich lasse den Speer wieder los.

„Danke, Maruti!"

„Bitte."

„Bis bald!

„Wenn's paßt."

Ich gehe ein paar Schritte auf dem Wildwechsel ... da an dem Beliche-Nebenfluß ... und dann fliege ich hoch ... fliege langsam in die Gegenwart zurück ... ich bin jetzt angekommen ... ich fliege jetzt über Nordsyrien, das östliche Mittelmeer, Zypern, Griechenland, Italien, die Alpen und zurück nach Alfter und in mein Zimmer ...

„O.k. ... Ho!"

II 5. b) zweite Traumreise

Göttin-Symbol

Für diese Traumreise benutze ich das links noch einmal abgebildete Göttin-Symbol als Tür, durch die ich den Traumreise-Bereich dahinter betrete. Wie eigentlich immer bei solchen Traumreisen weiß ich nicht, was ich dort finden werde – mit einiger Wahrscheinlichkeit etwas völlig Unerwartetes.

Ich entspanne mich und stelle mir dieses Symbol vor. ...

Es ist ... das fühlt sich komisch an ... das hat eine seltsame Ausstrahlung ... es geht eine große Kraft von dem Symbol aus ... was Dominantes ... hm ... nichts

Grausames, aber es hat dieselbe Intensität wie Grausamkeit ... ach, das trifft's auch noch nicht so ganz ... Es geht eine Entschiedenheit davon aus, die ... ja, heftig ist ... das hat fast was Unheimliches ...

Also gut – ich sehe das vor mir ... normalerweise ist das Symbol auf einer Tür oder auf einem Vorhang ... ja ... aber das schwebt einfach so in der Luft ... dann geh ich da mal durch ...

Uff! So ein Gefühl, zu so was Heftigem zu kommen, habe ich ja noch nie gehabt! Also ... ich gehe da durch ... mir ist, als würde ich ... in irgendwas hineinfallen ...

Ich muß tief gähnen ...

Dunkelheit ... ja, eigentlich falle ich nicht – ich bin ... ich bin in was Körperlosem ... Bin ich hier im Jenseits? Das Symbol ist ja auf der Rückseite eines T-Pfeilers, also ... auf der Jenseitseite, ja ... auf der Nachtseite ...

„Hallo? Ist hier jemand?"

... ...

Da sind ... Kreischen? ... Ich weiß nicht, ob das Mensch oder Tier ist ... da ist auch noch ein Fauchen – ich muß an schwarze Panther denken ...

Ehm ... eine Nacht in einem Wald in einer Gegend, die ich nicht kenne, und mit Pflanzen und mit Tieren, die mir nicht vertraut sind ... ... meine Sinne sind total wach ... vor allem lauschen, weil ... sehen tu ich ja nicht so arg viel ...

„Puh! ... Wo ist hier das Wesentliche?"

Das Wesentliche ist, ja, vorne und ein bißchen rechts ... also, wenn ich von der Tür aus gucke, durch die ich gekommen bin, so halbrechts ... ich hab mich ja schon ein bißchen nach rechts gedreht ... ja ...

Hier geht es ein bißchen den Hang runter ... es stehen Bäume da ... Was ist denn das? ... Laubbäume ... aber nicht die, die ich kenne ... Ich bin mir ziemlich sicher, daß hier Panther sind ... ich kann mir vorstellen, daß sie hungrig sind und Menschenfleisch nicht verschmähen würden ... ich merke, ich hab einen Speer in der rechten Hand – er ist ungefähr so lang wie ich ...

Ich schleiche ... das Wesentliche ist da vorne ... es ist wie ... verborgenes Licht ... wie etwas, was Licht in sich trägt ... jetzt kann ich es spüren ... ich komme ... wie in einen ... geweihten Bereich hinein ... so wie wenn man einen Schutzkreis zieht und den betritt oder ... in eine Lichtung kommt, auf der viele Rituale gemacht werden ...

Mich erinnert das an die Versammlungsplätze von Tieren – das kenne ich von Traumreisen ... Versammlungen von Löwen und Wölfen, von Pferden und teilweise von Phantasietieren ... geflügelte Einhörner und so – also von den Krafttieren von Menschen, mit denen ich eine Traumreise gemacht habe ...

Wenn man da zu den Versammlungsplätzen einer Art von Krafttieren wie z.B. den Wölfen geht, kommt da die Muttergöttin dieser Tierart – also die Weiße Wölfin, ja, die Löwenmutter und so, die Weiße Büffelfrau ... so fühlt sich das hier an ...

„Bist Du die Panthermutter??? ... Maruti?" ... ...

126

Puh! Sie ist es nicht und sie ist es auch ... Was ist das denn? ... Ich kenne das ja, wenn man sich als Mensch im Ritual oder in der Meditation mit einer Gottheit identifiziert, sie invoziert, aber hat sich hier die Muttergöttin der Menschen mit der Muttergöttin der Panther verbunden? Gibt es sowas? Hat die eine die andere invoziert???

Da vor mir erscheint etwas ... ja ... Sie sagt, ich soll nicht so viel denken ...

„O.k. ... Was schlägst Du vor, was ich stattdessen mache?"

„Atmen."

Ich atme tief durch ...

„Stimmt, ich hab meinen Atem angespannt, als wenn ich wirklich ... ja ... im Wald und in Gefahr wäre ... ... Sagtest Du ...?"

„Schau hin."

„Du ... Du bist Maruti ..."

„Ja."

„Die Panthergöttin ... Bist Du die Muttergöttin der Panther oder ... die Muttergöttin der Menschen?"

„Das ist dasselbe."

„Ehm ... Du bist beides?"

„Das ist dasselbe!"

...

„Puh! ... also, für Isis oder Maria oder Durga oder so stimmt das ja eigentlich nicht oder ... Pte-san-Win ... also, die ersten haben gar kein Tier und Pte-san-win ist die Weiße Büffelfrau ..."

„Ich bin ich."

„O.k. ... Möchtest Du mich zu etwas einladen?"

„Zu was möchtest Du eingeladen werden?"

„Ich will Dich kennenlernen ... und ich will andern zeigen, was sie bei Dir finden können."

„Die anderen sollen selber kommen. Jeder bekommt das, was er braucht. Du kannst ihnen zeigen, daß es möglich ist, zu mir zu gehen – und damit ist Dein Teil erledigt."

... ...

„Ich ... sehe Dich als Panther ... ehm ... ich seh auf einmal eine Sphinx ... ein Pantherleib mit Frauenkopf ... mit Frauen-Oberkörper ... aber das bist nicht Du, das ist ein späteres Bild von Dir ... die Löwengöttin, die Panthergöttin ..."

„Ich bin ich!!! Bleib hier!"

... ...

„O.k. ... im Hier und Jetzt ... ja ... Puh!" ...

Es kommen ganz viele Panther ... die meisten sind schwarze Panther ... aber vielleicht sehen sie auch nur so aus, weil es Nacht ist ... ich weiß es nicht genau ...

127

sie sehen mich als ihresgleichen an, obwohl ich ... ne ... ich hab gar keine Menschengestalt mehr, ich hab eine Panthergestalt bekommen ... ... oh ... ...

Die Panther, ja ... fangen an zu singen, ich kann's eigentlich nur 'singen' nennen, auch wenn's nur aus Fauchen und Knurren und Schnurren und so besteht ... und keinen Rhythmus und keine Melodie hat, aber ... es ist ein Singen ... Sie singen hier in einem großen Kreis ... um die Panthergöttin herum ... und die Panther-Muttergöttin ist deutlich größer als wir Panther ... ...

„Puh! ... ... Die Männer mit Löwenkopf, die Männer mit Pantherkopf, die fälschlicherweise oft Löwen-Männer genannt, die aus der späten Altsteinzeit ... sind ... haben die so was erlebt?"

„Du denkst zu viel!!!"

...

„Gut ... ..."

Ich laß einfach mal los und laß geschehen, was da kommt ... ... ich fang auch an zu fauchen und zu knurren ... mit den Vordertatzen auf die Erde zu schlagen ... mit den Krallen durch die Erde zu ... reißen ... ...

Das ist ein Kraftlied, das ist ganz wörtlich ein Lied, durch das man seine Kraft ausdrückt ... ne, es ist ein Lied, das man mithilfe seiner Kraft singt ...

Da passiert noch mehr ... es entsteht, ja ... wie so 'ne gemeinsame Lebenskrafthülle um alle Panther ... und in der Mitte ist die Panthergöttin ...

Hach – sie sagt schon wieder, daß ich nicht soviel denken soll ... ich ... mach einfach mal weiter und spür diese Hülle ...

Die geht auf einmal auf, die war vorher wie so'n Ring, der die ganzen Panther, die im Kreis da stehn, eingehüllt hat, und die öffnet sich jetzt zur Mitte zu der Panther-mutter hin ... das ist wie dieser Übergang nach Da'ath, wie der Sprung in den Ab-grund, den ich von der Meditation kenne, wo man den abgegrenzten Bereich verläßt, wo auf einmal keine Grenzen mehr da sind – als würde man auf einem Waldweg laufen und der löst sich auf einmal in die Dunkelheit zwischen den Sternen auf ... es gibt plötzlich kein oben und unten mehr ... ... das ist auch das Tor zu den Gottheiten ...

Und da, da in der Mitte, ist jetzt die Panthergöttin ... ... Puh! ... Und die Herzen von uns Panthern ... sind jetzt mit dem Herzen der Panthergöttin verbunden ... die Panthergöttin ist das, was wirklich im Innersten sind ... ...

Da ist jetzt Stille ... Gewißheit ... entspannte Eindeutigkeit ... ... da ist die Pantherkraft, ja ... puh! ... ...

Ich wollte die Göttin was fragen, aber sie hat mir sofort das Wort abgeschnitten – ich soll nicht denken ...

Da ist noch was ... da ist was mit meinem Sonnengeflecht ... und mit dem Sonnen-geflecht der Göttin ... ... da sind die Instinkte ... der Jagdinstinkt ... der Instinkt, die Jungen zu beschützen, der Paarungsinstinkt ... das ist die ... die Kampf-

bereitschaft ... diese Kraft ... das ist noch mehr ... das ist ... was ist das? ... das ist nicht die Präsenz ... was ist das? ... ... das ist so 'ne Gewißheit, wer ich bin ... da ist kein Zweifel da ... Ich bin Panther.

Die Panthergöttin: „Und so kannst Du jagen."

...

„Ja – so ist das leicht ... ja ... puh! ... ... "

„Komm einmal in mich hinein."

„Gut ..."

... ...

Ich nehme viel in ihr wahr ...

„Ihr Tiergöttinnen kennt euch alle untereinander?"

Ich kann das spüren ... daß sie die Mondwölfin kennt, die Große Weiße Wölfin ...

Die Panthergöttin: „Weil Du schon so viel mit der Weißen Wölfin gemacht hast, fällt es Dir so leicht, hierher zu kommen ... Du weißt, was hier geschieht?"

„Ja ... Puh!" ... ...

Da ist was ... ich kann ... diese völlig Entspannung spüren im 'einfach da sein' ... und gleichzeitig diese große Kraft, die jederzeit bereit ist, sich vollkommen auf ein Ziel auszurichten ... ...

Da ist noch was ... die Bewußtheit in allen Panthern ...

„Du ... Du erlebst alles, was ein jeder einzelner Panther erlebt?"

„Ja ... ja, das ist das Wesen der Muttergöttin ... "

... ...

„Puh ... Wie kommt es, daß Du dieses Geschenk den Steinzeitjägern gemacht hast – diese Pantherkraft, die Pantherverwandlung? Wenn das jetzt 'ne Frage ist, die o.k. ist."

„Da, wo Du jetzt angekommen bist, kannst Du gerne fragen. ... Die Jäger haben mich darum gebeten – und ich habe ihnen das Geschenk gegeben."

... ...

„So einfach ..."

„Ja."

... ...

„Kannst Du meine rechte Hüfte heilen?"

„Ja!!!"

... ...

„Machst Du das jetzt gerade?"

„Ja."

... ...

„Puh! ... Da baut sich was in meiner Psyche um ... ... das ... ... da lösen sich die Bilder auf, daß ich was brauche ... Beziehungen ... oder was Besonderes zu essen oder ... ... es ist nicht so, daß ich keine Bedürfnisse mehr habe oder nichts mehr

will, aber ... es lösen sich ... falsche Vorstellungen auf, also ... die keine ursprüng-
lichen Vorstellungen sind, sondern Ersatzhandlungen, Ersatzbefriedigungen und so
was ... ... Puh! ... ... ich merke dies Gefühl, ich spüre dies Gefühl, die Kraft
eines Panthers, dies Springen-können ... diese Spannung im Körper ... diese
Direktheit ... ... Puh! ... ... Puh! ... ... Ich merke, wie 'ne Anstrengung von
mir abfällt ... ... Puh! ... ...

„Maruti?"

„Ja?"

...

„Habe ich jetzt das gesehen und erlebt, was gerade für mich paßt?"

„Ja."

„Ich nehme an, es gibt noch mehr?"

„Ja ... ja."

...

„Vielen, vielen Dank!"

„Bitte."

... ...

„Ehm – das ist jetzt wahrscheinlich eine komische Frage ... habe ich da Dankbar-
keit gespürt, daß ich gekommen bin?"

„Nein, das ist nicht Dankbarkeit – deshalb fragst Du auch danach. ... Es ist gut,
daß Du das machst, was Du da machst. Es ist gut für die Menschen, wenn sie sich
dieser Zusammenhänge bewußter sind – sie haben dann einfach mehr Möglich-
keiten."

„Hm ... ja, gut ... Danke, Maruti!"

„Bitte."

Ich kehre zu dem Tor mit dem Symbol zurück ... und schaue noch mal zu den
ganzen Panthern, die da noch im dem Kreis sind ... die jetzt so langsam wieder gehen
... Dann kehre ich durch das Zeichen wieder zurück ...

„Puh! ... Heieieieieh! ... Oh! ... Also, die Vermutung, daß was Unerwartetes auf
dieser Traumreise kommt ... ja ... das hat ja wohl gestimmt ...

Ho!"

II 5. c)   dritte Traumreise

Diese Traumreise habe ich einfach dadurch begonnen, daß ich Maruti angesprochen
habe und dann gelauscht habe, was als Antwort kommt. Traumreisen, die ich auf
diese Weise beginne, werden in der Regel „akustische Traumreisen", also Gespräche.
Es kommen manchmal auch Bilder vor, aber sie sind bei dieser Form der Traumreise
eher selten.

„Maruti, gibt es etwas, was Du mir sagen oder zeigen möchtest?"

„Hast Du noch nicht genug?"

„Ehm ... wie meinst Du das? Ist das jetzt Humor oder Ernst?"

„Ein Test, wie standfest Du bist."

„Äh ... und?"

„Es könnte schlimmer sein ..."

„Bist Du auch eine Göttin des Haras? Also eine Göttin der Standfestigkeit?"

„Ich bin eine Göttin der Jagd, also eine Göttin der Entschiedenheit – und das ist weit mehr als nur Standfestigkeit. Dazu gehört auch der klare Blick des Dritten Auges, der Lebenswille des Wurzelchakras, die Durchsetzungs-Entschlossenheit des Halschakras ... letztlich alle Chakren."

„Hm ... ich möchte Dich noch mal fragen, ob es etwas gibt, was Du mir sagen oder zeigen möchtest."

„Das tue ich doch schon."

„Hm ... diesen streitbaren Stil habe ich jetzt nicht erwartet."

„Hast Du noch nie eine Katze gesehen?"

„Ehm ... doch ... und Du bist eine Großkatze ... ja, ich glaube, ich sehe, was Du meinst ... Hm, ich habe da noch eine Frage, die vielleicht aber nicht allzuwichtig ist ..."

„Mach Dich nicht klein!"

„Ehm ... ja, gut ... Also, ich würde gerne wissen, ob sich der Berg Du-Ku, der 'Heilige Hügel' in der sumerischen Mythologie, der im Norden von Mesopotamien liegen und von dem die ganze Kultur, wie Ackerbau, Viehzucht und Webkunst kommen soll, der Göbekli Tepe ist."

„Ackerbau und Viehzucht gab es in Göbekli Tepe noch nicht."

„Ja, aber ab 8.500 v.Chr. dann schon ..."

„Es sind allgemein die Berge im Norden gemeint."

„Klingt logisch ..."

„Eine persönliche Frage: Der Schmerz in meiner Hüfte ist in meine Knie gewandert ... so wie das die 'Hering-Regel' in der Homöopathie beschreibt: Die Symptome wandern im Körper oft von innen nach außen. Ist das so o.k.? Sollte ich da irgendetwas tun?"

„Tue, was Du willst. Das ist die Quelle jeder Heilung."

„Ja, das sehe ich eigentlich auch so."

„Aber Du bist noch nicht sicher in Deiner Umsetzung."

„Ja, das ist noch nicht perfekt."

„Du mußt nicht perfekt sein! Du solltest nur Dein Leben leben!"

„Dein Stil ist 'schnell, intensiv und präzise' ... könnte man das so sagen?"

„Katze."

„Eigentlich habe ich nicht mehr viele Fragen an Dich ... aber das Gefühl, noch *nicht alles erfaßt zu haben. Gibt es da etwas, was ich noch nicht sehe?"*

„Rede klar: 'Ich habe keine Fragen mehr.' Und nicht 'Ich habe nicht mehr viele Fragen'! Und es stimmt, daß Du nicht alles siehst – ich bin mehr als das, was Du siehst."

„Gibt es etwas, was Du mir noch zeigen magst?"

„Ich zeige Dir die Dinge, wenn es für Dich an der Zeit dafür ist."

„Das ist auch wieder 'Katze', oder?"

„Das ist schlichtweg sinnvoll so."

„Hm, ja ... Danke, Maruti."

„Bitte."

„Ho!"

III Die heutige Bedeutung der Göttin von Göbekli Tepe

Die Zeit, in der die Menschen sich an die Göttin von Göbekli Tepe gewendet haben, ist nun schon 12.000 Jahre vorüber. Daher kann man fragen, welche Bedeutung diese Göttin in der heutigen Zeit noch haben könnte.

Die grundlegende Antwort ist einfach: ein einzelner Mensch, aber auch die Menschheit als Ganzes wächst wie ein Baum von innen nach außen und bildet Jahresringe – das Alte ist jeweils die Grundlage des Neuen. Jeder Jahresring des Stammes bildet sich aus dem, was schon da ist, und aus dem, was in diesem Jahr geschieht – das Alte ist das Fundament des Neuen.

Die Altsteinzeit lebt zudem in der oralen Phase eines jeden Menschen fort (Baby), die Jungsteinzeit in der analen Phase (Kleinkind), das Königtum in der phallischen Phase (Kind), der Materialismus in der genitalen Phase (Jugendlicher) – und diese vier Schichten bilden das Fundament der „adulten Phase", die zur Zeit beginnt und die auf die Menschheit bezogen die Entwicklung eines erwachsenen Miteinanders der Menschen auf der Erde ist.

In diesem Stamm der individuellen und der kollektiven Entwicklung der Menschen steht die Göttin von Göbekli Tepe am Übergang von der oralen Phase des Säuglings zu der analen Phase des Kleinkindes, am Übergang von der Altsteinzeit zu der Jungsteinzeit.

Man darf also mit einiger Berechtigung vermuten, daß die Göttin von Göbekli Tepe eine große Hilfe sein kann, wenn es zu einem Verlust der Geborgenheit oder der Direktheit gekommen ist (orale Störung) oder wenn ein Trauma im Bereich der eigenen Kraft und Klarheit und Grenzsetzung gekommen ist (anale Störung).

III 1. Die Göttin in der Therapie

Die Göttin von Göbekli Tepe kann eine Hilfe sein, wenn sich in der Therapie zeigt, daß jemand einen Mangel an Geborgenheit oder Selbstbehauptung hat. In meinen eigenen Beratungen hat sich gezeigt, daß insbesondere für Frauen, die einen Mißbrauch oder eine Vergewaltigung erlebt haben, die Begegnung mit der Göttin von Göbekli Tepe auf einer Traumreise oder in einer Aufstellung eine große Hilfe sein kann.

Gottheiten sind u.a. auch die heilen Urbilder. Daher können Menschen, bei denen die normale Entwicklung der Psyche mehr oder weniger stark gestört worden ist, durch die Begegnung mit einer Gottheit erkennen, was sie eigentlich sein und erreichen wollen und wie sie sich verhalten wollen.

Die Panthergöttin kann vor allem dann helfen, wenn Menschen (insbesondere Frauen) sich nicht mehr abgrenzen können, einen Groll gegen Männer in sich tragen, mißbraucht oder vergewaltigt worden sind, sich nicht zu wehren trauen usw. Sekundär kann dadurch eine Ablehnung der Sexualität, Orgasmus-Unfähigkeit, ein Burn-out und vieles mehr entstehen.

Meist finden diese Frauen durch Maruti ihre Kraft wieder, können sich wieder wehren, „Nein" sagen, werden mutig, ändern ihre Lebensumstände, trennen sich von ihrem Partner usw. Sie fangen wieder an, ihr Leben nach ihren eigenen Vorstellungen zu gestalten.

In dieser Entwicklung ist die Begegnung mit Maruti oft das Element gewesen, daß diesen Frauen wieder den Mut gegeben hat, aus ihrer derzeitigen Lebenssituation, die durch Unterordnung, Anpassung, Überlastung, Mißachtung, Ausgenutztwerden u.ä. geprägt gewesen ist, herauszukommen.

Man braucht ein Bild von dem, wo man hin will. Man braucht eine Vorstellung über den Weg, den man gehen will. Man braucht das Vertrauen, daß es anderes sein könnte, um das Bekannte (und sei es noch so unangenehm) verlassen zu können. Diese Vision kann durch die Begegnung mit der Göttin von Göbekli Tepe entstehen.

III 1. a) Das Urbild der Mutter

Maruti ist auch die Muttergöttin „Ma". Sie ist sowohl die Mutter der Lebenden als auch die Mutter der Toten („Tenu"). Sie ist daher auch die Geborgenheit.

Dies ist jedoch keine spezielle Eigenschaft der Göttin von Göbekli Tepe, sondern die Grundqualität der meisten Göttinnen.

III 1. b) Die Jägerin

Das Bild der Jägerin mit dem Speer, die entscheiden und einsgerichtet ihr Ziel anstrebt, ist der speziellere Teil der Eigenschaften der Panthergöttin. Dies ist der Teil ihres Wesens, der den „verletzten Frauen" hilft.

Astrologisch gesehen haben diese Frauen oft ein Mars/Mond-Quadrat in ihrem Horoskop. Sie fühlen sich in ihrer Geborgenheit und in ihrem Frau-sein (Mond) durch Männer und Gewalt (Mars) bedroht. Durch Maruti können sie oft wieder ihre eigene Kraft und dadurch auch die Freude an der Sexualität wiederfinden.

III 1. c)   Die Störungen des Göttinnen-Bildes

Eine größere Bewußtheit über die Göttin von Göbekli Tepe kann auch ein kollektives Problem lösen helfen, das zu Beginn der Epoche des Königtums entstanden ist.

Das Königtum brachte eine neue Ordnung, die ganz auf den König zentriert ist. Dadurch wurde zunächst einmal die Landwirtschaft deutlich effektiver und brachte deutlich größere Erträge (vor allem durch die Koordination der Bewässerung) und die Hungersnöte wurden deutlich seltener.

Das Nebeneinander von mehreren Königreichen führte jedoch zu Kriegen zwischen diesen Reichen und zu einem immer aggressiveren Königtum. Der König wurde dadurch zu einem allmächtigen Kriegsherr. In diesem Zusammenhang wurde der frühere Sonnengott erst zu dem wichtigsten Gott, dann zu dem Göttervater und schließlich zu dem Einen Gott. Im Zuge dieser groß angelegten Religions-Umdeutung wurde die Muttergöttin, die zuvor die zentrale Gestalt gewesen ist, zunehmend in eine „folgsame Hausfrau" und eine „Tod-bringende Jenseitsgöttin" aufgespalten. Diese Entwicklung läßt sich in vielen Religionen beobachten.

Dies hat einen Verlust der Geborgenheit in der Welt mit sich gebracht, die Angst vor dem Tod gesteigert, zu einer Unterwerfung der Frauen durch die Männer geführt und den Frauen das Orientierungsbild der Jagdgöttin genommen, die die Stärke, Direktheit und Entschiedenheit der Frauen und Männer verkörpert hat. Dieses Bild fehlte fortan.

Es gibt nur wenige Religionen, in der dieses alte Bild noch existiert. Die eine ist die altägyptische Religion. Sie hat sich unter besonderen Umständen gebildet, da Ägypten von 3250 v.Chr. an ca. 1000 Jahre lang das einzige Königreich gewesen ist. Daher hat es in Ägypten nicht die Notwendigkeit von Kriegen gegeben – Ägypten hat sich sozusagen als „Einzelkind" entwickeln können.

Daher ist die Göttin immer eine wichtige Gestalt geblieben und wurde auch weiterhin als die Mutter und das „Fundament" des Sonnengottes angesehen. Auch der König stand innerhalb der Götterwelt und nicht über ihr – auch wenn man durchaus Allmachts-Tendenzen finden kann. Daher hatten auch die Frauen in Ägypten eine weitgehend gleichberechtigte Stellung – sie konnten ihre Ehe auflösen, Höfe besitzen und die Herkunft orientierte sich in der frühen Zeit an der Mutter und nicht am Vater („matrilineare Ordung").

Somit können auch die meisten ägyptischen Göttinnen eine Inspiration für das Wiederfinden eines Selbstbewußtsein und eines selbstbestimmten Frauen-Selbstbildes sein. Die Göttin von Göbekli Tepe wird jedoch von den meisten Menschen als direkter, kraftvoller, eindeutiger und entschiedener als die ägyptischen Göttinnen erlebt.

Die zweite interessante Religion in diesem Zusammenhang ist der tibetische Buddhismus. Während die altägyptische Religion heil geblieben ist und sich ohne Brüche entfaltet hat, ist der tibetische Buddhismus wieder heil geworden. In Ägypten ist die Muttergöttin und der Schamanismus der Altsteinzeit, der Korngott und die Mythologie der Jungsteinzeit sowie die zentrale Stellung des Sonnen- und Königsgottes eine organische Synthese eingegangen. Im tibetischen Buddhismus sind ausgehend von der Zentrierung des ursprünglichen Buddhismus aus der Epoche des Königtums („Hinayana") die mythologisch-rituellen Methoden der Jungsteinzeit („Mayayana") und die magischen Methoden der Altsteinzeit („Vajrayana") integriert worden.

Daher findet sich auch im tibetischen Buddhismus starke Göttinnen (z.B. Tara), eine große Toleranz und die Gleichberechtigung von Männer und Frauen.

Der Buddhismus hat durch seine geradezu wissenschaftliche Sachlichkeit auch einen guten Teil der Epoche des Materialismus integriert.

Die Göttinnen im tibetischen Buddhismus haben wie die ägyptische Löwengöttin Sachmet oder die Panthergöttin Mafdet Ähnlichkeit mit der Göttin von Göbekli Tepe.

III 2. Anrufung der Maruti

Es ist fraglich, ob es vor 12.000 Jahre in Göbekli Tepe Anrufungen der Göttin gegeben hat – es ist denkbar, aber keinesfalls sicher. Da die Schrift erst 7.000 Jahre später erfunden worden ist, sind auf jeden Fall keinerlei Anrufungen überliefert worden.

Da solche Anrufungen in Ritualen und vor Meditation durchaus hilfreich sein können, stellt sich die Frage, ob man solche Anrufungen (re-)konstruieren kann. Dabei gibt es mehrere Punkte, die man berücksichtigen kann:

1. die erschlossenen Namen der Göttin

2. der Charakter der Göttin einschließlich ihrer Darstellungen und Symbole

3. die kulturelle Umgebung der Göttin einschließlich der Schwitzhütten-Tempel und der damaligen Lebensweise

4. Die älteste lyrische Form, die u.a. aus Ägypten und aus Sumer bekannt ist, ist der inhaltliche Reim. Dabei wird eine Aussage mit einem zweiten Satz wiederholt, in dem anderen Worte, aber derselbe Satzbau benutzt wird. Ein Beispiel dafür wäre: „Die goldene Sonne steigt am Himmel empor, das helle Licht fliegt das Firmament hinauf."

5. Die älteste Form der Grammatik ist recht sicher die „kreolische Grammatik", die auch von kleinen Kinder benutzt wird und die immer dann neu entsteht, wenn Menschen mit mehreren Sprachen zusammen eine neue, möglichst einfache Sprache entwickeln (das ist das erste mal anhand des Kreolischen beobachtet worden). Der Satzbau in dieser Sprache ist: „Subjekt – Verb – Objekt".

In dieser Grammatik gibt es noch einige andere Auffälligkeiten wie z.B., daß nicht zwischen Singular und Plural unterschieden wird. In den alten Sprachen gibt es jedoch fast durchgehend Singular, Dual und Plural.

Ein weiteres Element aller alten Sprachen und auch der Sprachen der Naturvölker (alle Sprachen vor der Epoche des Königtums) haben kein „ich". stattdessen spricht man von sich selber mithilfe seines Eigennamens. Dies kennt man vor allem aus Indianergeschichten: „Häuptling Großer Adler sagt, daß …"

6. Die „8" ist damals das Symbol der Vollständigkeit und der Richtigkeit gewesen gewesen. Man könnte also achtzeilige Strophen benutzen – auch

wenn dies aus der frühesten Lyrik nicht bekannt ist, die fortlaufende Texte ohne Strophen-Einteilung gewesen sind.

7. Satzzeichen sind eine recht neue Erfindung, aber sie sind beibehalten worden, da sie die Orientierung im Text erleichtern.

Auf der Grundlage dieser Überlegungen kann man nun eine Anrufung dichten. Dies ist natürlich lediglich eine „Gebrauchslyrik", also ein Hilfsmittel für Rituale und Anrufungen, aber keine sichere Rekonstruktion. Sie ist u.a. auch eine „lyrische Zusammenfassung" der Betrachtungen in diesem Buch.

Wenn man sie verwenden will, sollte man sie daher ganz nach dem eigenen Bedürfnis kürzen, erweitern und umschreiben – sie ist ein Werkzeug, dessen einzige Funktion es ist, den Zugang zu der Göttin von Göbekli Tepe zu erleichtern.

Die Göttin von Göbekli Tepe

Ma gibt Leben,
Mutter schenkt Geburt;[1]
Bauch-Berg birgt unsere Ahnen,
Heiliger Hügel schützt uns Lebende.
Vogelstab spricht: Seele,
Totempfahl redet: Leben;
Seelenvogel fliegt empor: Erwachen,
Kundalini steigt auf: Kraft.

Tenu weckt den Fuchs-Schamanen,
Jenes Wasser öffnet den Tempel;
Geier gibt gutes Omen,
Panther sagt stärkende Worte;[2]
Verwandte sitzen auf den Bänken,
Sippe singt im Kreis;
Ahnen-Pfeiler lauschen Söhnen;[3]
Urahn-Pfeiler hören Enkel.[4]

---

1 Das erste Wort der zweiten Zeile ist immer die Übersetzung des Namens der Göttin von Göbekli Tepe, das als erstes Wort in der ersten Zeile steht.
2 die Panther am Tempel-Eingang
3 Ahnen-Pfeiler = T-Pfeiler in der Innen-Mauer
4 Urahn-Pfeiler = die beiden T-Pfeiler in der Tempel-Mitte

Aset ist die Hütte des Schwitzens,
Sitz ist der Tempel der Geborgenheit;
Tor führt zu Gang,
Gang führt in Mutter,
Mutter birgt Kind,[5]
Sippe sitzt in Kind,
Leib in der Mitte,
Seele gleich daneben.[6]

Kunu-muku ist die Frau im Wald,
Große Frau ist die Göttin im Tempel;
Kuh-Göttin gibt Kinder,
Kranich-Göttin schenkt Leben;
Panther-Göttin holt Nahrung,
Schlangen-Göttin bringt Kraft;
Geier-Göttin sendet Sonne,
Nacht-Göttin ruft Mond.

Ma-muku ist die Welt,
Große Mutter ist die Verbindung;[7]
rechter Arm unten – berührt die Erde,
linker Arm oben – berührt den Himmel;[8]
zwei Leiber – Diesseits und Jenseits,
zwei Oberkörper – Leben und Tod,
zwei Köpfe – Geburt und Sterben,
zwei Gesichter – Leib und Seele.

Ma-coma bringt uns Fülle,
Mutter Kuh gibt uns Milch;
Brüste fließen Trank,
Füllhorn quillt Honig-Milch;
Hände an den Quellen des Leibes[9],
Arme um die Kinder der Menschen;
'Die mit den Hörnern' schützt uns,
'Die mit dem Euter' nährt uns.

---

5   „Mutter" ist der äußere, „Kind" ist der innere Steinkreis mit Kuppeldach.
6   „Leib und Seele" sind die beiden Mittelpfeiler in den Schwitzhütten-Tempeln.
7   Verbindung = Nabelschnur
8   Erde und Himmel = Diesseits und Jenseits
9   Quellen des Leibes = Brüste

Coma-muku gibt uns Kinder,
Große Kuh schenkt uns Enkel;
Lendenkraft beim Sommerfest,
Fruchtbarkeit beim Zeugungsfest;
Mutter im Diesseits,
Mutter im Jenseits;
Tempel-Bauch der Sippe,
Freude der Menschen.

Maruti mit den beiden Jägern[10],
Mutter mit den beiden Panthern;
Jägerin mit langem Speer,
Jägerin mit scharfem Auge,
Jägerin mit schnellem Bein,
Jägerin mit starkem Arm,
Jägerin mit viel Beute,
Jägerin mit reichlich Nahrung.

Masiau gebiert den Goldenen,
Sonnenmutter bringt das Licht;
Öffnerin des Schoßes,
Öffnerin des Tores,
Öffnerin des Tempels,
Öffnerin der Erde:
Du gibst uns Geburt hier.
Du gibst uns Wiedergeburt dort.

---

10 Jäger = Panther

Bücher von Harry Eilenstein

„Magie für Anfänger"

- Telepathie für Anfänger (60 S.)
- Telepathie für Fortgeschrittene (52 S.)
- Telekinese für Anfänger (52 S.)
- Lebenskraft für Anfänger (60 S.)
- Meditation für Anfänger (56 S.)
- Hypnose für Anfänger (56 S.)
- Auto-Movement für Anfänger (56 S.)
- Chakra-Magie für Anfänger (148 S.)
- Ritual-Magie für Anfänger (56 S.)
- Mandalas für Anfänger (68 S.)
- Geldzauber für Anfänger (56 S.)
- Liebeszauber für Anfänger (52 S.)
- Evokationen für Anfänger (60 S.)
- Elfen für Anfänger (56 S.)
- Magie-Forschung für Anfänger (140 S.)
- Selbsterkenntnis für Anfänger (52 S.)
- Zahlensymboik für Anfänger (60 S.)
- Die Sprache des Mondes – für Anfänger (116 S.)
- Zaubergesänge für Anfänger (100 S.)

Magie

- Handbuch für Zauberlehrlinge (408 S.)
- Tarot (104 S.)
- Physik und Magie (184 S.)
- Die Magie-Formel (156 S.)
- Krafttiere – Tiergöttinnen – Tiertänze (112 S.)
- Schwitzhütten (524 S.)

Meditation

- Der Lebenskraftkörper (230 S.)
- Die Chakren (100 S.)
- Das Chakren-System mit den Nebenchakren (296 S.)
- Meditation (140 S.)
- Drachenfeuer (124 S.)
- Reinkarnation (156 S.)
- einsgerichtet (140 S.)

Astrologie

- Astrologie (496 S.)
- Photo-Astrologie (428 S.)
- Die astrologischen Aspekte (88 S.)
- Horoskop und Seele (120 S.)

Kabbala

- Kursus der praktischen Kabbala (150 S.)
- Eltern der Erde (450 S.)
- Blüten des Lebensbaumes:
    - Die Struktur des kabbalistischen Lebensbaumes (370 S.)
    - Der kabbalistische Lebensbaum als Forschungshilfsmittel (580 S.)
    - Der kabbalistische Lebensbaum als spirituelle Landkarte (520 S.)

Bücher von Harry Eilenstein

Religion allgemein

- Die sieben Schritte des Lebens (428 S.)
- Muttergöttin und Schamanen (168 S.)
- Göbekli Tepe (472 S.)
- Die Göttin von Göbekli Tepe (144 S.)
- Totempfähle (440 S.)
- Christus (60 S.)
- Dakini (80 S.)
- Vajra (76 S.)

Ägypten

- Hathor und Re 1: Götter und Mythen im Alten Ägypten (432 S.)
- Hathor und Re 2: Die altägyptische Religion – Ursprünge, Kult und Magie (396 S.)
- Isis (508 S.)

Indogermanen

- Die Entwicklung der indogermanischen Religionen (700 S.)
- Wurzeln und Zweige der indogermanischen Religion (224 S.)

Germanen

- Die Götter der Germanen (87 Bände)
- Odin (300 S.)

Kelten

- Cernunnos (690 S.)
- Der Kessel von Gundestrup (220 S.)
- Der Chiemsee-Kessel (76)

Psychologie

- Über die Freude (100 S.)
- Das Geheimnis des inneren Friedens (252 S.)
- Das Beziehungsmandala (52 S.)
- Gefühle und ihre Verwandlungen (404 S.)
- einsgerichtet (140 S.)
- Liebe und Eigenständigkeit (216 S.)
- Von innerer Fülle zu äußerem Gedeihen (52 S.)

Heilung

- Die Symbolik der Krankheiten (76 S.)

Kunst

- Herz des Tanzes – Tanz des Herzens (160 S.)

Drama

- König Athelstan (104 S.)

Die Themen der 87 Bände der Reihe „Die Götter der Germanen"

1. Die Entwicklung der germanischen Religion
2. Lexikon der germanischen Religion
3. Der ursprüngliche Göttervater Tyr
4. Tyr in der Unterwelt: der Schmied Wieland
5. Tyr in der Unterwelt: der Riesenkönig   Teil 1
6. Tyr in der Unterwelt: der Riesenkönig   Teil 2
7. Tyr in der Unterwelt: der Zwergenkönig
8. Der Himmelswächter Heimdall
9. Der Sommergott Baldur
10. Der Meeresgott: Ägir, Hler und Njörd
11. Der Eibengott Ullr
12. Die Zwillingsgötter Alcis
13. Der neue Göttervater Odin   Teil 1
14. Der neue Göttervater Odin   Teil 2
15. Der Fruchtbarkeitsgott Freyr
16. Der Chaos-Gott Loki
17. Der Donnergott Thor
18. Der Priestergott Hönir
19. Die Göttersöhne
20. Die unbekannteren Götter
21. Die Göttermutter Frigg
22. Die Liebesgöttin: Freya und Menglöd
23. Die Erdgöttinnen
24. Die Korngöttin Sif
25. Die Apfel-Göttin Idun
26. Die Hügelgrab-Jenseitsgöttin Hel
27. Die Meeres-Jenseitsgöttin Ran
28. Die unbekannteren Jenseitsgöttinnen
29. Die unbekannteren Göttinnen
30. Die Nornen
31. Die Walküren
32. Die Zwerge
33. Der Urriese Ymir
34. Die Riesen
35. Die Riesinnen
36. Mythologische Wesen
37. Mythologische Priester und Priesterinnen
38. Sigurd/Siegfried
39. Helden und Göttersöhne
40. Die Symbolik der Vögel und Insekten
41. Die Symbolik der Schlangen, Drachen und Ungeheuer
42.a Die Symbolik der Herdentiere I
42.b Die Symbolik der Herdentiere II
43. Die Symbolik der Raubtiere
44. Die Symbolik der Wassertiere und sonstigen Tiere
45. Die Symbolik der Pflanzen
46. Die Symbolik der Farben
47. Die Symbolik der Zahlen
48. Die Symbolik von Sonne, Mond und Sternen
49.a Das Jenseits I – Das Hügelgrab
49.b Das Jenseits II – Der Jenseitsweg
50. Seelenvogel, Utiseta und Einweihung
51. Wiederzeugung und Wiedergeburt
52. Elemente der Kosmologie
53. Der Weltenbaum
54. Die Symbolik der Himmelsrichtungen und der Jahreszeiten
55.a Mythologische Motive I
55.b Mythologische Motive II
56. Der Tempel
57. Die Einrichtung des Tempels
58. Priesterin – Seherin – Zauberin – Hexe
59. Priester – Seher – Zauberer
60. Rituelle Kleidung und Schmuck
61. Skalden und Skaldinnen
62 Kriegerinnen und Ekstase-Krieger
63. Die Symbolik der Körperteile
64.a Magie und Ritual I
64.b Magie und Ritual II
64.c Magie und Ritual III
65. Gestaltwandlungen
66.a Magische Angriffs-Waffen
66.b Magische Verteidigungs-Waffen
67. Magische Werkzeuge und Gegenstände
68. Zaubersprüche
69. Göttermet
70. Zaubertränke
71. Träume, Omen und Orakel
72. Runen
73. Sozial-religiöse Rituale
74. Weisheiten und Sprichworte
75. Kenningar
76. Rätsel
77. Die vollständige Edda des Snorri Sturluson
78. Frühe Skaldenlieder
79.a Mythologische Sagas I
79.b Mythologische Sagas II
80. Hymnen an die germanischen Götter